LES

BALLONS DIRIGEABLES

OUVRAGES DU MÊME AUTEUR

L'Eau. — 1 vol. in-18, illustré de 77 vignettes. 2ᵉ édition, 1867. L. Hachette et Cᵉ..... ... 2 fr.

La Houille. — 1 vol. in-18, illustré de 66 vignettes. L. Hachette et Cᵉ, 1869.......... 2

En Ballon! Pendant le siége de Paris. — Souvenirs d'un aéronaute. 1 vol. in-18. E. Dentu............................. 3

Voyages aériens. — 1 vol. grand in-8°, illustré de 117 gravures sur bois et de 6 chromo-lithographies. (En collaboration avec Messieurs J. Glaisher, C. Flammarion et W. de Fonvielle). L. Hachette et Cᵉ, 1870...... .. 20

Éléments de Chimie. — 4 vol. in-18 avec figures dans le texte. (En collaboration avec M. P.-P. Dehérain.) 1868-1870. L. Hachette et Cᵉ. Prix des 4 volumes................. 10

SOUS PRESSE :

L'Air. — 1 vol. in-18 illustré. Hetzel....... 3

LES
BALLONS DIRIGEABLES

EXPÉRIENCES

DE

M. Henri Giffard en 1852 et en 1855
et de M. Dupuy de Lôme en 1872

PAR

GASTON TISSANDIER

Professeur de chimie à l'Association polytechnique, directeur du laboratoire
de l'Union nationale

PARIS

E. DENTU, LIBRAIRE-ÉDITEUR

PALAIS-ROYAL, 17 ET 19, GALERIE D'ORLÉANS

1872

PRÉFACE

***

Dans le courant du mois d'octobre 1870, au moment où l'ennemi qui investissait Paris voyait, non sans dépit, les ballons messagers flotter paisiblement au milieu des airs, un savant bien connu, M. Dupuy de Lôme, appelait l'attention de l'Académie des sciences sur un projet de construction d'aérostat dirigeable, de forme allongée, et muni d'une hélice mise en mouvement par des bras humains. L'importance que présentait une telle découverte à une telle époque excita l'intérêt de tous ; le 28 octobre, le Gouvernement de la Défense nationale n'hésita pas à ouvrir à M. Dupuy de Lôme un crédit de quarante mille francs (1) pour mener à bonne fin, le plus promptement possible, l'œuvre si con-

---

(1) Voir Appendice, note B.

sidérable et si grosse d'espérances qu'il se promettait d'entreprendre.

Le ballon dirigeable, destiné à déjouer, par la voie des airs, la vigilance toute terrestre de l'armée allemande, vient d'être seulement terminé. La première ascension de ce nouveau navire aérien a été exécutée le 2 février 1872, et les résultats du voyage ont paru assez satisfaisants aux nombreux panégyristes du célèbre constructeur des navires cuirassés, pour qu'ils aient cru pouvoir s'écrier avec enthousiasme : « M. Dupuy de Lôme a résolu définitivement le grand problème de la navigation aérienne. M. Dupuy de Lôme a pris place dans les rangs des inventeurs qui honorent l'humanité. »

L'agitation, qui ne manque pas de se produire autour du grand problème de la direction des aérostats, quand survient un nouveau système, doit être considérée comme salutaire, puisqu'elle replace sous les yeux des hommes compétents une question capitale, qui ne devrait jamais cesser d'être étudiée. Mais, pour que cette agitation soit tout à fait féconde et productive, il ne faut pas qu'elle égare les esprits dans des chemins sans issue. Maintenant que la fumée d'une admiration hâtive commence à se dissiper, examinons les faits tels qu'ils sont, sachons les réduire à leur juste valeur, afin d'éviter de cruelles déceptions au moment où il sera bien manifeste que la montagne n'accouche que d'une souris.

Nous nous sommes consacré depuis longtemps à l'étude des aérostats; nous les avons souvent conduits à terre et à l'air, et nous croyons les connaître assez complétement aujourd'hui pour éclairer le public sur un problème si bien fait pour l'intéresser. Mais ce que nous connaissons surtout, ce sont de grandes expériences aérostatiques malheureusement oubliées, et exécutées il y a vingt ans ; ce sont de belles tentatives bien autrement concluantes, bien autrement audacieuses que celles de M. Dupuy de Lôme.

Il nous a semblé utile de les décrire dans l'intérêt de l'aéronautique, car ici, comme partout dans la science, s'il y a tout à apprendre, il ne doit y avoir non plus rien à oublier.

G. T.

10 février 1872.

LES
BALLONS DIRIGEABLES

I

LE BALLON DIRIGEABLE DE M. HENRI GIFFARD
EN 1852

Le problème de la direction des ballons a tour à tour occupé les plus grands esprits; Meusnier, Monge, Lalande, Guyton de Morveaux, ont, les premiers, soumis aux mathématiques les conditions d'équilibre des aérostats. Mais ces merveilleux appareils venaient de prendre naissance; vus de trop près, ils n'étaient pas bien vus. On s'était imaginé, dès le premier jour, qu'après s'être élevé dans les airs, l'homme allait s'y diriger facilement; puisqu'il avait le bateau, on était persuadé qu'il allait trouver la rame; mais on ne se rendit pas compte des difficultés et des obstacles qui entourent la navigation aérienne. Après des calculs plus ou moins erronés, des tentatives presque toutes puériles ou ridicules, après avoir muni les ballons de rames comme Blanchard, de voiles ou de mâts comme de Martinville, d'ailes comme Deghen, ou de plans inclinés comme Pétin, on finit par ne plus croire à la navigation dans l'air, et il se produisit dans l'opinion du monde scientifique un mouvement de réaction contre les aérostats dirigeables. Les savants se mirent à considérer la solution du grand problème comme une utopie, et les chercheurs de cette solution comme des insensés. L'excès dans la foi avait engendré l'excès dans le scepticisme.

Cette incrédulité, que rien ne justifie, est partagée de nos jours encore par bien des esprits éminents ; « le ballon est né bouée et restera bouée, » a dit un partisan du plus lourd que l'air. « Il y a longtemps que tous les physiciens ont rangé la direction des ballons plus légers que l'air parmi les problèmes non-seulement insolubles, mais absurdes même à poser, » s'est écrié M. Babinet. Il est vrai que l'illustre astronome a affirmé, non moins énergiquement, que l'entreprise du câble transatlantique était une folie, et qu'il s'est opposé de toute la force de ses arguments les mieux trempés à cette œuvre vraiment imposante. Il est vrai qu'Arago autrefois a nié les chemins de fer, et que des hommes considérés comme intelligents ont nié le percement de l'isthme de Suez et du Mont-Cenis. Malgré les démentis si formels que donnent les grandes œuvres à leurs détracteurs chaque fois qu'elles se produisent, il se trouve et il se trouvera malheureusement toujours des mains pour jeter des pierres dans le jardin des inventeurs.

Rien, absolument rien, nous le répétons, ne justifie cette prétendue impossibilité de direction des ballons ;

mais les faits, dans la discussion, valent mieux que les théories ou les hypothèses. Arrivons aux faits.

En 1852, un jeune ingénieur, obscur alors, sans autres ressources que celles de son intelligence, construisit un ballon à vapeur dirigeable, qui aurait dû faire ouvrir les yeux aux incrédules. Mais ce jeune homme n'avait frappé à aucune porte ; il n'avait et ne voulait avoir ni protection ni protecteur, et ses expériences, quoique bien plus importantes, comme nous allons le voir, que celles de M. Dupuy de Lôme exécutées vingt ans après, furent vite oubliées, d'autant plus vite qu'elles avaient été à peine vues.

Un seul homme éminent comprit l'importance de la grande tentative dont il avait été témoin : c'était M. Émile de Girardin, qui écrivait en tête du journal *la Presse* en septembre 1852 :

« Hier, vendredi 24 septembre, un homme est parti imperturbablement assis sur le tender d'une machine à vapeur, élevée par un ballon ayant la forme d'une immense baleine, navire aérien pourvu d'un mât servant de quille et d'une voile tenant lieu de gouvernail.

« Ce Fulton de la navigation aérienne se nomme Henri Giffard.

« C'est un jeune ingénieur qu'aucun sacrifice, aucun mécompte, aucun péril n'ont pu décourager ni détourner de cette entreprise audacieuse, où il n'avait pour appui que deux jeunes ingénieurs de ses amis, MM. David et Sciama, anciens élèves de l'École centrale.

« Il est parti de l'Hippodrome. C'était un beau et dramatique spectacle que celui de ce soldat de l'idée, affrontant, avec l'intrépidité que l'invention communique à l'inventeur, le péril, peut-être la mort; car à l'heure où j'écris, j'ignore encore si la descente a pu s'opérer sans accident et comment elle a pu s'opérer... (1). »

En quoi consistait l'invention de M. Henri Giffard?

C'est ce que nous allons examiner le plus rapidement possible, d'après les documents que l'inventeur a publiés lui-même à l'époque de sa première et mémorable expérience (2).

L'appareil aérostatique construit par M. Giffard en 1852 était de forme allongée, comme l'indique très-exactement la gravure qui accompagne notre texte, et que, grâce à l'obligeance de M. Furne, nous avons pu reproduire d'après les *Merveilles de la Science*, de M. Figuier (3). Sa longueur totale d'une extrémité à l'autre était de 44 mètres, son diamètre au milieu de 12 mètres. Il cubait 2,500 mètres. Le navire aérien était enveloppé de toutes parts, sauf à sa partie inférieure et aux pointes, d'un filet, dont les extrémités se réunissaient à une traverse rigide en bois. A l'extrémité de cette traverse, une voile triangulaire mobile autour d'un axe de rotation servait de

---

(1) La *Presse*, 26 septembre 1852.

(2) Voir pour plus de détails, Appendice note A.

(3) Consulter, pour tous les détails de l'expérience de M. Giffard, *les Merveilles de la Science* de M. Figuier, 4 vol. in-4°; Furne, éditeur, 1868.

gouvernail et de quille. A 6 mètres au-dessous de la traverse, la machine à vapeur, montée sur un bran-

Aérostat dirigeable de M. H. Giffard, conduit dans les airs le 24 septembre 1852. (Gravure extraite des *Merveilles de la Science.* de M. Louis Figuier.)

card de bois, était suspendue avec tous ses accessoires.

La chaudière et la machine à vapeur destinée à faire mouvoir l'hélice directrice, dont la vitesse de rotation était de 110 tours par minute, offraient des dispositions nouvelles, ingénieuses, pour le détail desquelles nous renvoyons le lecteur compétent à l'Appendice, afin de ne pas nuire à la lucidité de la description par des détails techniques. Contentons-nous de dire que la machine à vapeur, qui pesait 150 kilogrammes, représentait une force motrice de 3 chevaux-vapeur, égale à peu près à celle de trente hommes, dont le poids aurait été au moins douze fois plus considérable. (Voir la figure ci-contre.)

Le nouveau navire aérien, tel que nous venons de le décrire, se trouvait gonflé le 24 septembre 1852 dans l'enceinte de l'Hippodrome. A 5 heures, M. Henri Giffard monte seul à côté de la machine qui est chauffée. Un quart d'heure après, il donne le signal du départ, en faisant retentir le sifflet strident de la vapeur, et il s'élève majestueusement dans l'espace aux acclamations d'une foule enthousiaste qui salue le fondateur de la navigation aérienne.

Malheureusement le vent était d'une intensité considérable, et l'inventeur ne pouvait songer ce jour-là à se remorquer contre un courant aérien, que sa machine n'était pas faite pour vaincre. Mais les différentes manœuvres de mouvement circulaire et de déviation latérale ont été exécutées avec le succès le plus complet.

L'action du gouvernail se faisait sentir avec une étonnante sensibilité; il suffisait à M. Giffard de le faire mouvoir dans un sens ou dans l'autre pour voir l'horizon tournoyer autour de lui comme le décor d'un panorama roulant. A l'altitude de 1,500 mètres, il lui

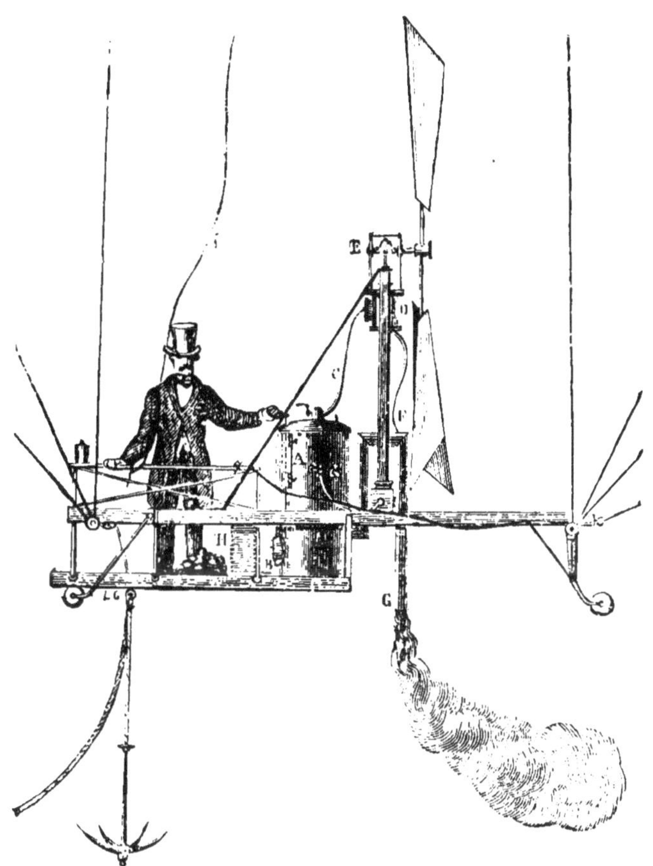

Machine à vapeur de l'aérostat de M. Giffard.
AB, chaudière à foyer renversé. — FG, tuyau de cheminée, dont le tirage est activé par un jet de vapeur. — H, bâche à coke. — E, axe coudé faisant agir l'hélice.

fut possible à certains moments de résister à l'intensité du vent et de maintenir à l'état d'immobilité presque absolue ce premier *monitor* de l'air ; ce devait être un spectacle dramatique que celui de ce navire aérien, suspendu au milieu des flots invisibles de l'atmosphère qu'il aurait su vaincre, s'ils avaient été ce jour-là un peu plus cléments.

A la chute du jour, M. Giffard est obligé de prendre la résolution de l'atterrissage. Il se met à étouffer le feu de la chaudière ; il ouvre les robinets de la chaudière, la vapeur s'échappe de toutes parts avec un bruit épouvantable et enveloppe le courageux navigateur d'un nuage épais qui lui cache subitement la vue même de l'aérostat où il est suspendu.

M. Giffard touche terre dans la commune d'Élancourt, près de Trappe, et grâce à la forme allongée de l'aérostat, à l'habile disposition des guide-ropes, de l'ancre, il vient se poser mollement au milieu d'un champ, quoique étant seul pour opérer les manœuvres d'un appareil de dimensions vraiment considérables.

A dater de ce jour, le principe de la navigation aérienne était définitivement créé. M. Giffard, avec une puissance de conception que l'on trouve seulement chez le véritable novateur, avait résolu toutes les difficultés théoriques. Il venait de prouver que l'emploi d'un aérostat très-allongé, dont on peut seul espérer la direction, était aussi avantageux que possible par sa marche dans l'air et par les facilités de son atterrissage ; il avait trouvé avec hardiesse *les conditions de stabilité dans l'atmosphère d'un aérostat allongé*. Il avait prouvé qu'un navire aérien de cette forme obéit avec une sensibilité extrême à tous les mouvements du gouvernail. Si dans cette première expérience, faite, nous le répétons, par un vent violent, il n'a pas été possible à l'inventeur de remonter le courant aérien, il a pu *faire dévier le navire plus ou moins de la ligne du vent.* Enfin, résultat vraiment frappant, M. Giffard, pour la première fois, avait associé ces deux forces : la machine à vapeur et l'aérostat; grâce aux dispositions nouvelles d'un foyer à flamme renversée, le danger de cette union terrible du feu et du gaz combustible venait d'être rendu complètement illusoire.

Voilà ce que M. Henri Giffard a fait en septembre 1852, ce qu'il était indispensable de raconter avant de parler de l'appareil de M. Dupuy de Lôme; mais nous n'avons pas encore fini de décrire les perfectionnements apportés par M. Giffard à l'aéronautique.

II

NOUVELLE TENTATIVE DE DIRECTION AÉRIENNE EXÉCUTÉE PAR M. GIFFARD EN 1855. — PERFECTIONNEMENTS DES ORGANES DU BALLON. — CRÉATION DES AÉROSTATS CAPTIFS A VAPEUR.

Après sa magnifique tentative de 1852, M. Henri Giffard ne pensa qu'à recommencer une nouvelle expérience dans des conditions plus favorables encore. En 1855, il construit un nouveau ballon allongé de 3,200 mètres cubes: il modifie le système d'attache de la machine à vapeur, fixe la traverse de bois à la partie supérieure du navire aérien, dont il lui fait embrasser la forme ovoïdale, modifie très-heureusement son moteur et s'élève avec un des aéronautes qui l'a aidé dans ses constructions, M. Yon, que nous allons retrouver plus tard avec M. Dupuy de Lôme. Le départ s'effectue de l'usine à gaz de Courcelles, et si M. Giffard ne peut pas encore obtenir la direction absolue, il confirme victorieusement ses premiers résultats, obtient la déviation latérale du navire aérien, et à plusieurs reprises il le fait encore dévier de la direction du vent par les mouvements combinés du gouvernail et de l'hélice.

Au moment du départ, la machine était chauffée à toute pression, et les spectateurs présents virent avec admiration l'appareil tenir tête au vent pendant quelques instants (1).

M. Henri Giffard reconnut toutefois, après ce deuxième voyage, que pour achever son œuvre, que pour atteindre des résultats définitifs, frappants, c'est-à-dire la direction absolue dans tous les sens et par presque tous les temps, il lui fallait perfectionner singulièrement les organes du ballon. Il avait employé jusque-là des étoffes d'une incomplète imperméabilité ; il rêvait des aérostats de dimensions énormes, capables d'enlever des machines d'une puissance considérable ; mais pour arriver à ce but, il fallait trouver des tissus

---

(1) Les appareils dirigeables de M Giffard ont été brevetés en 1852 et 1855. On peut consulter les documents très-explicites, très-importants, qui accompagnent ces brevets.

solides et imperméables, chercher des soupapes nouvelles, s'ingénier à préparer facilement et avec éco-
nomie le gaz hydrogène pur, qui est l'âme de l'aérostat.
Sans renoncer à la navigation aérienne, qu'il ne perdit
jamais complétement de vue, il dirigea momentanément son esprit vers d'autres travaux et inventa l'*in-
jecteur-Giffard,* considéré aujourd'hui à juste titre par
tous les hommes compétents comme un des organes es-
sentiels de la machine à vapeur, et d'un usage si utile,
que toutes les machines des pays civilisés en sont
pourvues. Cette découverte devait placer son inventeur à côté des grandes intelligences qui ont créé les
différentes pièces de la machine à vapeur, et mettre
entre ses mains les ressources d'une immense for-
tune, bien propre à faciliter ses recherches aérostatiques.

Nous allons voir que M. Giffard, après plusieurs
années d'études délicates et patientes, est arrivé à
transformer complétement le ballon des Charles et
des Montgolfier, en créant les aérostats captifs à vapeur, qui peuvent être regardés à juste titre comme
une nouvelle étape, conduisant l'inventeur par des
chemins détournés, mais sûrs, au couronnement de
de l'édifice du ballon dirigeable, dont il avait su jeter
les bases à son entrée dans la vie scientifique.

C'est en 1867 que M. Giffard construisit son premier
ballon captif à vapeur, lors de l'Exposition universelle
de 1867. Les Parisiens se rappellent certainement
cette nouvelle application, audacieuse et hardie, des
aérostats. Ils n'ont pas oublié l'aspect saisissant de ce

magnifique globe aérien, mesurant 5,000 mètres cubes, gonflé d'hydrogène pur, et enlevant douze personnes à 250 mètres de haut, à l'extrémité d'un câble ; une machine à vapeur enroulait la corde autour d'un treuil pour ramener docilement le captif dans son enceinte circulaire.

Nous n'avons pas l'intention de parler spécialement des ballons captifs, — œuvre considérable et insuffisamment appréciée, — nous voulons seulement insister sur les problèmes aérostatiques qui ont été résolus et qui sont autant de progrès *indispensables à la construction d'un ballon dirigeable.*

Une des modifications fondamentales apportées par M. Giffard dans la construction du ballon réside dans la confection des tissus, complétement imperméables au gaz hydrogène. Les ballons ordinaires, tels que ceux du siége de Paris, sont formés d'une étoffe de soie ou de coton, enduits d'une couche de vernis à l'huile de lin cuite avec de la litharge. Ces ballons peuvent être gonflés de gaz de l'éclairage, voire même d'hydrogène pur ; ils peuvent tenir l'air, pendant un temps assez considérable, pour exécuter un long voyage ; mais il serait impossible de les garder gonflés pendant des journées, des semaines ou des mois, en raison de la déperdition du gaz que laisse filtrer peu à peu le tissu endosmotique. Après bien des essais, bien des tâtonnements, M. Giffard a préparé un tissu solide et tout à fait imperméable, formé de plusieurs tissus de toile et de caoutchouc naturel et vulcanisé, superposés alternativement. L'étoffe ainsi formée est couverte d'un vernis à huile, étalé sur une mousseline extérieure qui empêche le contact direct de ce vernis et du caoutchouc vulcanisé. Cette étoffe a été encore perfectionnée par l'addition à l'extérieur d'une couche de peinture au blanc de zinc. Le tissu est ainsi, tout blanc; il réfléchit la chaleur, au lieu d'en absorber les rayons; et un nouvel aérostat, construit avec cette étoffe, ne serait plus aussi sensible aux actions calorifiques; ses dilatations et ses contractions, sous l'influence des variations de température de l'air ambiant, seraient singulièrement diminuées.

Les résultats obtenus par M. Giffard ont été surtout remarquables, lors de la confection du grand ballon captif de Londres, qui a fonctionné en 1868. Ce gigantesque aérostat, le plus grand globe qui ait jamais été construit, cubait 12,000 mètres; il resta gonflé d'hydrogène pur pendant plus d'un mois, sans avoir subi une perte appréciable de gaz.

C'est surtout en considérant ce véritable chef-d'œuvre de la mécanique moderne que nous allons trouver des perfectionnements aérostatiques importants. Le ballon de Londres avait été gonflé au moyen de l'hydrogène, préparé par l'action du fer et de l'acide sulfurique sur l'eau; mais il avait fallu donner une nouvelle disposition à des batteries puissantes, épurer et sécher le gaz, produit en un tel volume. Ce problème de la fabrication du gaz, bien plus difficile qu'on le croirait au premier abord, a été résolu dans les conditions les plus satisfaisantes.

Le ballon captif était terminé, à sa partie supérieure, par une soupape n'ayant pas moins de 1^{m}50 de diamètre ; c'était un disque, dont la circonférence était munie d'un couteau métallique s'emboîtant dans un anneau de caoutchouc, et permettant ainsi une fermeture hermétique.

L'aérostat était fixé à une corde d'une étonnante solidité. Ce câble puissant était engagé dans la gorge d'une poulie, et il s'étendait sous un tunnel souterrain pour aller s'enrouler autour d'un treuil, que faisait mouvoir deux machines à vapeur de la force de 200 chevaux. Trente-deux personnes tenaient facilement dans la nacelle du ballon captif de Londres ; au signal du chef d'équipe, la sphère gigantesque bondissait dans les airs jusqu'à 650 mètres d'altitude. Nous nous sommes élevé plus de cinquante fois dans cet admirable engin, où tout était nouveau, bien conçu, admirablement combiné et établi dans des proportions inconnues jusqu'à ce jour. Plusieurs fois nous avons entrepris l'ascension, en compagnie de M. Glaisher, l'illustre directeur de l'Observatoire de Greenwich, et de quelques autres notabilités scientifiques de l'Angleterre ; ces messieurs ébahis manifestaient une admiration profonde pour la hardiesse de conception d'une œuvre qu'on eût qualifiée de téméraire, si elle n'avait pas été couronnée par un succès aussi complet.

Il faudrait décrire minutieusement, et en détail, les différentes parties des ballons captifs de M. Giffard, pour donner une juste idée de cette invention ; mais nous ne voulons pas sortir du cadre que nous nous

sommes tracé dans cet opuscule (1). Disons toutefois
que nous avons vu avec regret, avec tristesse, M. Giffard, être obligé de construire à l'étranger un appareil
qui fera certainement époque dans l'histoire des ballons comme dans l'histoire de la science ; mais malgré
les démarches les plus persévérantes faites sous l'Empire, il fut impossible d'obtenir l'autorisation de construire, au centre de Paris, un tel monument aérostatique. Que de services cependant un ballon captif de
ce format n'eût-il pas rendus à Paris assiégé ? Avec la
possibilité de s'élever à toute heure du jour et de la
nuit à 650 mètres au-dessus de nos boulevards, on eût
aperçu jusqu'à 40 lieues des signaux lumineux loin-
tains, au moyen desquels il eût été facile d'organiser
un système de télégraphie électrique. On eût épié sans
ces e les travaux de l'ennemi au moyen de cet observatoire d'un nouveau genre, ballotté dans les flots aériens, comme la ville flottante de Gulliver.

Sans l'inexplicable hostilité du directeur des plan-
tations de l'Empire, le ballon captif de Londres se
construisait au cœur de Paris ; il eût été prêt à servir
de sentinelle aérienne à la grande métropole assaillie
par les légions prussiennes.

Mais ce qui est plus navrant encore, au point de vue
du progrès scientifique, c'est que la République ac-
tuelle ne se montre pas plus favorable que l'Empire

---

(1) Voir, pour plus de détails, l'ouvrage des *Voyages aériens*, publié par MM. Glaisher, Flammarion, Fonvielle et Tissandier ;
L. Hachette et C⁰, 1869.

aux investigations aérostatiques. Après les immenses services que les ballons ont rendus à la patrie pendant le siége de Paris, qui pourrait croire que tout récemment, cette année même, un semblable projet de ballon captif, plus grandiose et plus important encore que celui de Londres, a rencontré des obstacles inattendus de la part de l'architecte des Tuileries, dont l'intelligence artistique est malheureusement fermée aux œuvres de la science, quelle que soit leur utilité? On ne demandait cependant ni crédit ni allocation, on s'offrait, au contraire, à donner à la ville ou à ses pauvres une large part des produits d'une entreprise considérable ; mais quand il s'agit de vaincre l'indifférence de l'administration, quand on se heurte aux lenteurs, à l'inertie ou à l'incapacité de certains administrateurs, on peut se considérer à l'avance comme battu dans une lutte inégale.

Nous reviendrons peut-être ailleurs sur les ballons captifs à vapeur ; il ne convient pas ici d'en parler plus longuement. Nous n'avons voulu établir que ce fait : M. Giffard, en les construisant, a résolu quelques-uns des problèmes qui mènent au ballon dirigeable, et qui complètent ses tentatives de 1852 et de 1855.

Les deux grandes questions fondamentales de l'imperméabilité du tissu et de la préparation en grand du gaz hydrogène ont été tranchées victorieusement par M. Giffard (1).

____

(1) Dans ces derniers temps, M. Giffard est parvenu à trouver une

Maintenant que nous avons succinctement examiné l'œuvre de M. Giffard, arrivons à celle de M. Dupuy de Lôme.

III

LE BALLON DIRIGEABLE DE M. DUPUY DE LOME
EN 1872

L'aérostat dirigeable de M. Dupuy de Lôme offre une forme allongée dont la gravure ci-contre donne une idée très-exacte. La longueur totale de l'appareil de pointe en pointe est de 36 mètres 12 centimètres ; le diamètre au milieu est de 14 mètres 84 centimètres (1).

Le ballon est couvert, à sa partie supérieure jusqu'au méridien horizontal, d'une enveloppe ou chemise à laquelle s'attache un double filet. Le premier filet extérieur sert d'attache à la nacelle, le second, intérieur,

---

nouvelle méthode de préparation de l'hydrogène, qui a vivement occupé l'attention des industriels, et qui est encore un grand pas fait vers la facilité de construction d'un grand ballon dirigeable. M. Giffard a construit un appareil où l'hydrogène s'obtient à un prix bien inférieur à celui du gaz de l'éclairage. La réaction fondamentale consiste dans la réduction de l'oxyde de fer naturel par le gaz oxyde de carbone, et dans la décomposition de la vapeur d'eau par le métal réduit. L'eau abandonne au fer son oxygène, et l'hydrogène se dégage ; le fer, oxydé de nouveau, est réduit par l'oxyde de carbone, et ainsi de suite, alternativement. Le même poids de fer est ainsi employé indéfiniment pour isoler l'hydrogène de l'eau.

(1) Voir à l'Appendice, note C, pour la description complète de l'appareil de M. Dupuy de Lôme.

est destiné, d'après M. Dupuy de Lôme, à donner à
l'ensemble les conditions de stabilité propres à l'ascension.

A l'arrière du ballon allongé est fixée une voile
triangulaire qui sert de gouvernail. La nacelle oblon-

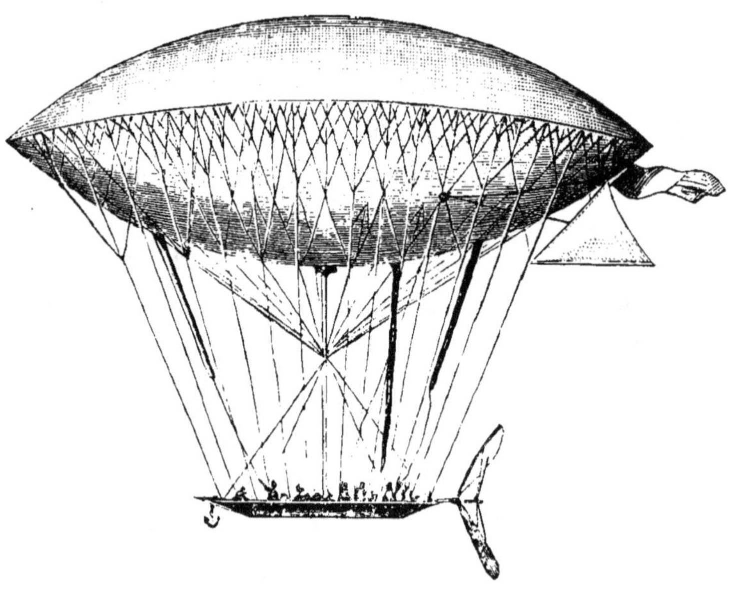

Le ballon dirigeable de M. Dupuy de Lôme (dessin de Jahandier).

gue est suspendue à la partie inférieure ; elle est munie d'une hélice de propulsion, mise en mouvement
par une manivelle que huit hommes peuvent faire agir
dans la nacelle.

A la partie supérieure de l'appareil sont adaptées
deux soupapes destinées à l'évacuation de l'hydrogène. La fermeture hermétique des clapets de la soupape, qui s'ouvrent du dehors au dedans, s'obtient à

l'aide de bandes de caoutchouc jouant le rôle de ressorts, comme dans les ballons ordinaires.

L'étoffe de l'aérostat se compose d'un taffetas de soie blanche et d'un nansout entre lesquels sont interposées sept couches de caoutchouc. Le tout est rendu imperméable par un vernis à base gélatineuse.

Le gonflement de l'aérostat, qui cube 3,500 mètres, s'est effectué par l'hydrogène pur. Ce gaz était préparé au moyen de batteries où le fer et l'acide sulfurique décomposaient l'eau.

L'ascension a été exécutée le 2 février 1872, à 11 heures du matin. L'aérostat était gonflé au fort de Vincennes. MM. Dupuy de Lôme, Zedé, Yon, Dartois et dix autres personnes, en y comptant les hommes de manœuvre, prennent place dans la nacelle.

Le ballon dirigeable s'élève, il est emporté par le vent et s'oriente dans l'atmosphère sous l'action du gouvernail. Les hommes de manœuvre font agir l'hélice, et le navire a pu être légèrement dévié de la direction du vent. Quoi qu'il en soit, le vent soufflait vers le nord-est, M. Dupuy de Lôme a touché terre dans cette direction ; s'il y a eu déviation, elle n'a été que peu sensible.

Voilà, dans toute sa simplicité, le résultat de l'ascension de M. Dupuy de Lôme. En quoi, nous le demandons, ce voyage aérien, se distingue-t-il de ceux que nous venons de décrire ?

Cependant un grand nombre de journaux se sont extasiés sur les prodiges accomplis dans l'ascension du 2 février. Où sont ces prodiges ?

M. Dupuy de Lôme, a-t-on dit, a résolu ce triple problème concernant : 1° la stabilité ; 2° la vitesse ; 3° l'obéissance de l'aérostat.

La stabilité d'un ballon allongé dans l'air ! Le ballon allongé de M. Giffard, en 1852, a été d'une stabilité parfaite. Quant à la vitesse propre du navire aérien et à son obéissance sous l'action du gouvernail, tout cela a été aussi obtenu par M. Giffard.

On s'est étonné que M. Dupuy de Lôme, au moment d'opérer la descente, ait reconnu le lieu d'atterrissage ; mais cet étonnement est risible pour tout aéronaute. Il suffit de connaître les environs de Paris et d'avoir entre les mains une bonne boussole qui donne la direction pour savoir où l'on passe.

Quand nous sommes parti de Paris assiégé, dans un petit ballon ordinaire, le vent nous entraînait vers l'ouest. En planant au-dessus de Versailles, il n'était pas difficile de reconnaître le parc, le château, le tapis vert, et de s'apercevoir avec la boussole que notre marche se continuait vers l'ouest. Plus loin, nous glissons dans l'espace au-dessus d'une épaisse forêt ; une bonne carte nous indique facilement que nous naviguons dans les couches d'air qui couvrent les rameaux de la forêt d'Houdan. Plus loin encore, nous apercevons une ville qui s'étend à nos pieds ; et les mêmes observations nous donnent la certitude que c'est Dreux qui nous servira de port. Nous descendons, en effet, à 500 mètres de la ville de Dreux, sachant parfaitement à l'avance où nous atterrissions, comme le sait tout praticien habitué aux voyages aérostatiques.

M. Dupuy de Lôme a suivi du haut des airs la route qu'il a parcourue ; il n'a rien fait de plus dans ce sens que tous les marins de l'atmosphère initiés aux manœuvres de l'aérostat.

Malgré la force du vent, a-t-on dit encore en parlant du nouvel appareil, l'atterrissage se fit avec le plus grand succès, sans secousse, grâce à la forme de l'aérostat, grâce aussi au nouveau point d'attache du guide-rope et de la corde d'ancre.

Une bonne descente en ballon n'est heureusement pas un fait exceptionnel, et quand on gravit l'atmosphère dans un aérostat ordinaire, on ne se casse pas toujours les reins à la descente. Le ballon allongé est évidemment plus favorable à l'atterrissage que les aérostats sphériques ; mais cela a été encore affirmé et démontré par M. Giffard en 1852.

Les éloges que M. Dupuy de Lôme a trouvés dans la presse seraient incompréhensibles, si l'on ne faisait observer que la plupart d'entre eux ont été écrits dans l'enthousiasme irréfléchi du premier moment par des rédacteurs souvent incompétents dans les questions aérostatiques. En outre, presque tous ces écrivains n'avaient à l'oreille que la cloche de M. Dupuy de Lôme ; comment auraient-ils pu entendre le son de celle que M. Giffard a mis en branle il y a vingt ans ? Un grand nombre, du reste, sont revenus déjà sur une opinion qui avait été mal guidée par des documents incomplets (1). Quant aux écrivains qui avaient anté-

______

(1) Le rédacteur du journal *le XIXe Siècle* notamment, après avoir

rieurement examiné de près l'histoire de l'aérostatique, ils ont su rendre à César ce qui appartenait à
César (1). Un seul publiciste, bien connu du public,
nous a singulièrement étonné dans ses appréciations;
nous voulons parler de M. de Fonvielle, qui connaît
aussi bien que nous le passé de M. Giffard. Dans le
premier récit que le rédacteur du *Soir* a publié sur
la récente expérience de M. Dupuy de Lôme, il a complétement omis de mentionner la grande expérience
de 1852. Évidemment il a dû se produire quelque phénomène bizarre dans l'esprit de notre ancien compa-
gnon aérien; le ballon-poisson de M. Dupuy de Lôme
aura tenu tant de place dans son cerveau, que la case
de la mémoire se sera trouvée momentanément ob-
scurcie par une éclipse d'un nouveau genre. Ce qui
tendrait à le faire croire encore davantage, c'est que,
dans son article, Fonvielle n'a pas seulement oublié
M. Giffard, il a oublié avec non moins de sans-gêne
les plus élémentaires principes de la mécanique. Il y
a quelque part, dans son travail, une phrase où il nous
dit : « La vitesse de l'aérostat de M. Dupuy de Lôme
était de 7 à 8 kilomètres par heure dans un air calme.
Comme l'air avait une vitesse de 64 kilomètres, le rapport de la force disponible à celle qu'il eût fallu

---

parlé uniquement des résultats de M. Dupuy de Lôme, a affirmé
ensuite, avec beaucoup de bonne foi, que l'ouvrage de M. Figuier
lui avait ouvert les yeux. Il reconnaît que l'inventeur du ballon
Dupuy de Lôme est M. Giffard.

(1) Voir à l'appendice note D, *Opinion de quelques savants sur
l'aérostat de M. Dupuy de Lôme.*

vaincre pour résister au vent était de 1 à 8. » Tous les bacheliers savent que, dans ce cas, le rapport n'est pas de 1 à 8, mais bien de 1 au *cube* de 8, c'est-à-dire de 1 à 512, ce qui n'est pas tout à fait la même chose.

Non, en réalité, il n'y a rien, absolument rien de nouveau, de saillant dans l'expédition de M. Dupuy de Lôme ; mais si quelque lecteur impartial n'est pas encore convaincu, qu'il veuille bien nous suivre dans le chapitre suivant. Il verra comme va pâlir le ballon de 1872 à côté du ballon de 1852.

IV

COMPARAISON DU SYSTÈME GIFFARD ET DU SYSTÈME DUPUY DE LOME

Le ballon de M. Dupuy de Lôme est de forme moins allongée que celui de M. Giffard.

M. Dupuy de Lôme dit lui-même qu' « une forme plus oblongue eût encore réduit davantage la résistance, accru la vitesse et rendu plus facile le maintien de la direction au moyen du gouvernail. » Il reconnaît par conséquent que la forme plus oblongue du ballon de M. Giffard est bien plus favorable à la direction, mais il n'a pas su vaincre les difficultés de construction, qui n'ont pas arrêté son prédécesseur.

Pourquoi M. Dupuy de Lôme, qui a pris à M. Giffard son principe, la forme de son aérostat, son gouvernail ne l'a-t-il pas imité plus complétement encore ? Pourquoi a-t-il supprimé la traverse inférieure et rigide du ballon Giffard, qui relie l'aérostat allongé à la nacelle, sans que la traction des cordes puisse déformer le navire aérien?

Avec ce dernier système on peut obtenir, dans les meilleures conditions de stabilité, un allongement considérable de l'aérostat.

M. Dupuy de Lôme complique son appareil d'un double filet lourd et embarrassant qui tend à contracter l'aérostat, et qui lui interdit d'arriver à la forme plus allongée, qui offre à l'air une résistance beaucoup moindre sous un même volume.

Ainsi, loin d'y avoir progrès dans la forme du navire, il y a infériorité; M. Dupuy de Lôme l'indique lui-même, nous le répétons, en disant qu'il aurait réduit la résistance et accru la vitesse « par une forme plus oblongue. »

L'étoffe du ballon de M. Dupuy de Lôme a été inventée par M. Giffard dans les ballons captifs à vapeur.

L'imperméabilité du tissu est indispensable au ballon dirigeable. M. Dupuy de Lôme a obtenu un tissu imperméable en faisant fabriquer une étoffe par le procédé Giffard, tissu de soie enduit de caoutchouc et recouvert d'un vernis imperméable.

M. Giffard s'est servi, pour la première fois, de tissus enduits de caoutchouc avec addition extérieure de vernis divers pour construire ses ballons captifs.

Le gaz hydrogène du ballon de M. Dupuy de Lôme a été fabriqué à l'aide de batteries inventées par M. Giffard.

Nous avons vu que M. Giffard, après de longs tâtonnements et des recherches délicates, a construit à Londres une batterie à hydrogène, qui lui a permis de produire 12,000 mètres cubes de gaz. M. Dupuy de Lôme avec une batterie toute semblable, mais plus petite, n'a pas eu de peine à obtenir un volume de gaz trois fois moins considérable.

Le ballon de M. Dupuy de Lôme a été fabriqué par le constructeur de M. Giffard.

En 1855, M. Giffard, lors de la construction de son second ballon dirigeable, s'attacha un jeune homme vraiment épris de l'aéronautique, M. Yon. Il lui fit couper et coudre les fuseaux de son ballon, lui communiqua tous ses secrets, tous ses procédés.

Pendant vingt ans, M. Yon a travaillé sous les ordres de M. Giffard ; il a construit sur les plans de cet ingénieur les grands ballons captifs de Paris et de Londres ; il a été initié à tous les travaux, à toutes les recherches de M. Giffard ; il a vu de près comment on faisait de bonnes soupapes, comment on parvenait à établir des tissus imperméables, par quels procédés se prépare en grand l'hydrogène pur.

Or, M. Yon a été chargé de fabriquer le ballon dirigeable de M. Dupuy de Lôme, et celui-ci ne se doute certainement pas des services immenses que son constructeur lui a rendus en lui apportant à chaque moment, pour chaque problème de détail, une solution puisée l'école de M. Giffard.

Le ballon allongé de M. Giffard avait pour moteur une hélice mise en mouvement par une machine à vapeur de la force de 30 hommes. Le ballon allongé de M. Dupuy de Lôme a pour moteur une hélice mise en mouvement par huit hommes.

M. Dupuy de Lôme n'a pas été heureux dans les modifications de forme et de mode de suspension des cordes qu'il a apportées au ballon dirigeable de son prédécesseur. Mais où nous arrivons à une réelle stupéfaction, c'est quand nous voyons le constructeur des bâtiments cuirassés renoncer à la vapeur, comme force motrice, pour revenir aux bras humains. Comment, en 1852, en 1855, on a conduit dans les airs des navires aériens bien allongés, bien équilibrés, enlevant dans l'atmosphère une chaudière à coke avec un tuyau vertical, une machine à vapeur et ses accessoires mettant en mouvement une hélice ; en 1872, on recommence cette expérience dans des conditions bien plus humbles, on fait mouvoir péniblement la manivelle motrice par des manœuvres, accroupis dans une nacelle d'osier, et on chante victoire, on parle de grandes découvertes, de progrès accomplis ! Il y a là une erreur, un malentendu qui ne peuvent durer, et qui sont d'autant plus inexplicables qu'il suffit d'ouvrir les plus élémentaires traités de l'aéronautique, l'ouvrage de M. Figuier notamment (*Merveilles de la Science*) pour lire tout au long la description de l'appareil et des expériences de M. Giffard.

Que dirait M. Dupuy de Lôme, si un inventeur se présentait pour supprimer la vapeur des bâtiments cuirassés et nous ramener aux bateaux à voiles ? C'est à peu près ce qu'il vient de faire pour les navires aériens.

— 27 —

*M. Dupuy de Lôme obtient la permanence de la forme
du ballon dirigeable par un ballonnet à air.*

Permanence de la forme du ballon, voilà le point
que M. Dupuy de Lôme considère comme fondamen-
tal, et bien à tort, comme nous allons le démontrer.
Mais voyons d'abord comment il arrive à cette permanence de la forme.

Il introduit dans son aérostat un ballonnet, qu'il
peut remplir d'air par un ventilateur. Cette idée est
due au général Meusnier, qui l'a proposée à la fin du
siècle dernier, et n'est pas indispensable (1).

Toutefois, M. Dupuy de Lôme insiste longuement
sur les avantages de son ballonnet. Si l'aérostat a perdu
de l'hydrogène, son étoffe n'est plus tendue ; elle de-
vient flasque, peut rider de cavités qui offrent une
résistance à l'air et qui font voile contre le vent.
M. Dupuy de Lôme évite cet inconvénient en rem-
plissant d'air le ballon intérieur, qui forme dans l'aérostat comme une vessie natatoire plus ou moins volu-
mineuse, et qui conserve toujours au navire aérien sa
forme primitive. Si l'aérostat dans ces conditions s'é-
lève dans l'air, l'hydrogène se dilate, comprime le
ballonnet, dont l'air s'échappe par une soupape auto-
matique ; c'est l'air du ballonnet qui se perd, et non le
gaz du ballon.

Ce procédé offre un grand inconvénient ; en effet,

---

(1) Voir, pour le travail du général Meusnier, les comptes rendus
de l'Académie des sciences, 1870, note du général Morin. (Séance
du 31 octobre 1870.)

on se trouve remplacer primitivement par de l'air le gaz hydrogène léger, et tout en diminuant la force ascensionnelle du ballon on lui conserve toujours la même forme ; la résistance de l'air étant la même, on diminue la force de l'aérostat.

Il serait bien plus sage, quand on a perdu du **gaz**, de diminuer le diamètre du ballon à son milieu, comme l'a proposé M. Giffard. Si l'on perd de la force, on se trouve ainsi faire diminuer proportionnellement la résistance de l'air. Pour arriver à ce résultat, il suffirait d'entourer l'enveloppe de l'aérostat allongé de courroies en caoutchouc qui étrangleraient le ballon lorsqu'il perdrait du gaz, et le rendrait plus mince quand il serait moins fort, tout en lui conservant une surface tendue, où nulle cavité ne pourrait se former.

Nous avons décrit le système Giffard de **1852**, nous avons dépeint le système Dupuy de Lôme de **1872**. Les deux expériences, faites à deux époques différentes ; les deux ballons, construits à vingt ans d'intervalle, ont été mis en parallèle. La conclusion de ces comparaisons ressort avec évidence.

CONCLUSION

M. Dupuy de Lôme, avec un crédit de 40,000 fr.,
n'a fait que reproduire, dans des conditions moins har-
dies, moins avantageuses, l'aérostat que M. Giffard a
construit en **1852** avec ses propres ressources. Quand
M. Dupuy de Lôme s'écarte de son modèle, on le voit
tomber dans les errements des anciens aéronautes qui
ont cherché vainement avant lui la direction aérostatique; là où il diffère de son prédécesseur et maître,
c'est justement là où il s'égare dans des fausses routes.
Nous ne reprochons pas toutefois à M. Dupuy de Lôme
d'avoir repris la belle expérience de M. Giffard; nous
lui reprochons de n'y avoir apporté aucun progrès;
nous lui reprochons surtout de s'attribuer des travaux
et des découvertes qui ne lui appartiennent en aucune
façon.

Nous croyons que personne ne pourra nous contester
cette dernière affirmation; elle ressort nettement des
pages que nous venons d'écrire en toute sincérité, sans
passion, sans parti pris et sans nous laisser aveugler
par l'amitié qui nous lie avec le véritable créateur de
la navigation aérienne.

La direction des aérostats, nous l'avons déjà dit ailleurs et nous le répétons ici, est trouvée en principe depuis l'ascension exécutée en 1852 par M. Giffard. Pour arriver à un résultat décisif, direction absolue dans tous les sens, que manque-t-il au ballon Giffard de 1852? Il lui manque un peu de force, un peu de puissance. Il faut faire un pas en avant. M. Dupuy de Lôme fait un pas en arrière; il s'élève dans les airs au cri du modeste « lâchez tout, » lancé depuis quatre-vingts ans par tous les aéronautes, tandis qu'avant lui, un aérostat avait gravi l'espace au sifflement aigu de la vapeur.

Refaites le ballon à vapeur de 1852, en lui donnant 100 mètres de longueur, 15,000 mètres cubes de volume; il enlèvera alors une machine puissante et pourra dompter presque tous les vents. Vous le verrez se promener au-dessus des boulevards de Paris, — de la Bastille à la Madeleine, comme de la Madeleine à la Bastille, — et alors il sera permis d'applaudir au véritable progrès. — Si M. Giffard, malgré les plus pressantes instigations de ses amis, si M. Giffard, qui a aujourd'hui entre ses mains la solution complète, définitive du grand problème, ne se décide pas à reprendre son œuvre, qu'un autre, s'il le peut, la continue et l'achève; mais, pour Dieu! faisons mieux aujourd'hui que ce qui a été fait hier, et n'enfonçons pas avec grand fracas des portes qui sont ouvertes depuis vingt ans!

APPENDICE

Note A

DESCRIPTION DU PREMIER AÉROSTAT DIRIGEABLE A VAPEUR DE M. GIFFARD

(Extrait de la *Presse* du 26 septembre 1852)

« L'appareil aéronautique dont je viens de faire l'expérience, a présenté pour la première fois dans l'atmosphère la réunion d'une machine à vapeur et d'un aérostat d'une forme nouvelle et convenable pour la direction.

« Cet aérostat est allongé et terminé par deux pointes; il a 12 mètres de diamètre au milieu et 44 mètres de longueur; il contient environ 2,500 mètres cubes de gaz; il est enveloppé de toutes parts, sauf à la partie inférieure et aux pointes, d'un filet dont les extrémités ou *pattes d'oie* viennent se réunir à une série de cordes fixées à une traverse horizontale en bois, de 20 mètres de longueur; cette traverse porte à son extrémité une espèce de voile triangulaire assujettie par un de ses côtés à la dernière corde partant du filet, et qui lui tient lieu de charnière ou axe de rotation.

« Cette voile représente le gouvernail et la quille; il suffit, au moyen de deux cordes qui viennent se réunir à la machine, de l'incliner de droite à gauche pour produire une déviation correspondante à l'appareil et changer immédiatement de direction. A défaut de cette manœuvre, elle revient aussitôt se placer d'elle-même dans l'axe de l'aérostat, et son effet normal consiste alors à faire l'office de quille ou girouette, c'est-à-dire à maintenir l'ensemble du système dans la direction du vent relatif.

« A 6 mètres au-dessous de la traverse sont suspendus la machine à vapeur et tous ses accessoires.

« Elle est posée sur une espèce de brancard en bois, dont les quatre extrémités sont soutenues par des cordes de suspension, et dont le milieu, garni de planches, est destiné à supporter les personnes et l'approvisionnement d'eau et de charbon.

« La chaudière est verticale et à foyer intérieur sans tubes; elle est entourée extérieurement, en partie, d'une enveloppe en tôle qui, tout en utilisant mieux la chaleur du charbon, permet aux gaz de la combustion de s'écouler à une plus basse température; la cheminée est dirigée de haut en bas, et le tirage s'y opère au moyen de la vapeur qui vient s'y élancer avec force à sa sortie du cylindre, et qui, en se mélangeant avec la fumée, abaisse encore considérablement sa température tout en les projetant rapidement dans une direction opposée à celle de l'aérostat.

« La combustion du charbon a lieu sur une grille complétement entourée d'un cendrier, de sorte qu'en définitive il est impossible d'apercevoir extérieurement la moindre trace de feu.

« Le combustible que j'emploie est du coke de bonne qualité.

« La vapeur produite se rend aussitôt dans la machine proprement dite; celle-ci est à un cylindre vertical dans lequel se meut un piston qui, par l'intermédiaire d'une bielle, fait tourner l'arbre coudé placé au sommet. Celui-ci porte à son extrémité une hélice à 3 patelles de 3^{m}40 de diamètre, destinée à prendre le point d'appui sur l'air et à faire progresser l'appareil. La vitesse de l'hélice est d'environ 110 tours par minute, et la force que développe la machine pour la faire tourner est de 3 chevaux, ce qui représente la puissance de 25 ou 30 hommes. Le poids du moteur proprement dit, indépendamment de l'approvisionnement et de ses accessoires, est de 100 kilogrammes pour la chaudière, et de 58 kilogrammes pour la machine; en tout 150 kilogrammes ou 50 kilogrammes par force de cheval, ou bien encore 5 à 6 kilogrammes par force d'homme; de sorte que s'il s'agissait de produire le même effet par ce dernier moyen, il faudrait, ce qui serait impossible, enlever 25 à 30 hommes représentant un poids moyen de 1,800 kilogrammes, c'est-à-dire un poids douze fois plus considérable. De chaque côté de la machine sont deux bâches, dont l'une contient le combustible et l'autre l'eau destinée à être refoulée dans la chaudière au moyen d'une pompe mue par la tige du piston. Cet approvisionnement représente également la quantité de lest dont il est indispensable de se munir même en assez grande quantité, pour parer aux fuites du gaz par les pores du tissu; de sorte qu'ici la dépense de la machine, loin d'être nuisible, a pour effet très-avantageux de délester graduellement l'aérostat, sans avoir recours aux projections de sable ou à tout autre moyen employé habituellement dans les ascensions ordinaires.

« Enfin, l'appareil moteur est monté tout entier sur quelques roues mobiles en tous sens, ce qui permet de le transporter facilement à terre; cette disposition pourrait, en outre, être utile dans le cas où la machine viendrait toucher le sol avec une certaine vitesse horizontale.

« Si l'aérostat est rempli de gaz hydrogène pur, il pourrait enlever en totalité 2,800 kilogrammes; ce qui lui permettrait d'emporter une machine beaucoup plus forte et un certain nombre de personnes. Mais vu les difficultés de toutes espèces de se procurer un pareil volume, il est nécessaire d'avoir recours au gaz d'éclairage, dont la densité est, comme on sait, très-supérieure à celle de l'hydrogène. De sorte que la force ascensionnelle totale de l'appareil se trouve diminuée de 1,000 kilogrammes et réduite à 1,800 kilogrammes environ, distribués comme suit :

Aérostat avec la soupape.	320 kil.
Filet.	150
Traverse, corde de suspension, gouvernail, cordes d'amarrage.	300
Machine et chaudière vides.	150

Eau et charbon contenus dans la chaudière au moment
du départ. . . . . 60 kil.

Châssis de la machine, brancard, planches, roues mobiles, bâches à eau et à charbon. 420

Corde traînante pour arrêter l'appareil en cas d'accident. 80

Poids de la personne conduisant l'appareil. 70

Force ascensionnelle nécessaire du départ. 10

————

1,560 kil.

« Il reste donc à disposer d'un poids de 248 kilogrammes,
qu'il est prudent d'affecter uniquement à l'approvisionnement
d'eau, de charbon, et par conséquent de lest. Tout ceci posé,
le problème à résoudre pouvait être envisagé sous deux points
de vue principaux, la suspension convenable d'une machine
à vapeur et de son foyer sous un aérostat de forme nouvelle
pleine de gaz inflammable, et la direction proprement dite de
tout le système dans l'air.

« Sous le premier rapport, il y avait déjà des difficultés à
vaincre. En effet, jusqu'ici les appareils aérostatiques enlevés
dans l'atmosphère s'étaient bornés invariablement à des globes
sphériques ou ballons, tenant suspendu par un filet un poids
quelconque, soit une nacelle ou espèce de panier pouvant
contenir une ou plusieurs personnes, soit tout autre objet
plus ou moins lourd ; toutes les expériences tentées en dehors
de cette primitive et unique disposition avaient eu lieu, ce
qui est infiniment plus commode et moins dangereux, sur de
petits modèles tenus captifs par l'expérimentateur ; le plus
souvent elles étaient restées à l'état de projet ou de pro-
messe.

« En l'absence de tout fait antérieur suffisamment con-
cluant et malgré les indications de la théorie, je devais encore
concevoir certaines craintes sur la stabilité de l'appareil ; l'expérience est venue pleinement rassurer à cet égard, et prouver que l'emploi d'un aérostat allongé, le seul que l'on puisse
espérer diriger convenablement, était, sous tous les autres
rapports, aussi avantageux que possible, et que le danger résultant de la réunion du feu et d'un gaz inflammable pouvait
être complétement illusoire.

« Pour le second point, celui de la direction, les résultats obtenus ont été ceux-ci : dans un air parfaitement calme, la vitesse du transport en tous sens est de 2 à 3 mètres par seconde; cette vitesse est évidemment augmentée ou diminuée, par rapport aux objets fixes, de toute la vitesse du vent, s'il y en a, et suivant qu'on marche avec ou contre, absolument comme pour un bateau montant ou descendant un courant quelconque; dans tous les cas, l'appareil a la faculté de dévier plus ou moins de la ligne du vent et de former avec celle-ci un angle qui dépend de la vitesse de ce dernier.

« Ces résultats sont d'ailleurs conformes à ceux que la théorie indique, et je les avais à peu près prévus d'avance à l'aide du calcul et des faits analogues relatifs à la navigation maritime.

« Telles sont les conditions dans lesquelles se trouve ce premier appareil; elles sont certainement loin d'être aussi favorables que possible; mais si l'on réfléchit aux difficultés de toute nature qui doivent entourer ces premières expériences, faites avec des moyens d'exécution excessivement restreints et à l'aide de matériaux incomplets et imparfaits, on sera convaincu que les résultats obtenus, quelque incomplets qu'ils soient encore, doivent conduire dans un avenir prochain à quelque chose de positif et de pratique. Pour cela que faut-il?

« Un appareil plus considérable, permettant l'emploi d'un moteur relativement beaucoup plus puissant, et ayant à sa disposition toutes les ressources pratiques accessoires sans lesquelles il lui est impossible de fonctionner convenablement.

« Je me propose d'ailleurs d'aller au-devant de toutes les objections, en faisant connaître les principes généraux, théoriques et pratiques, sur lesquels je crois que la navigation aérienne par la vapeur doit être basée.

« Les diverses explications que je viens de donner me dispensent d'entrer dans de longs détails sur le voyage aérien que j'ai fait; je suis parti seul de l'Hippodrome, le 24, à cinq heures un quart; le vent soufflait avec une assez grande violence; je n'ai pas songé un seul instant à lutter directement contre le vent, la force de la machine ne me l'eût pas permis; cela était prévu d'avance et démontré par le calcul; mais j'ai opéré avec le plus grand succès diverses manœuvres de mouvement circulaire et de déviation latérale.

« L'action du gouvernail se faisait parfaitement sentir, et à peine avais-je tiré légèrement une de ses deux cordes de manœuvre, que je voyais immédiatement l'horizon tournoyer autour de moi; je suis monté à une hauteur de 1,500 mètres, et j'ai pu m'y maintenir horizontalement à l'aide d'un nouvel appareil que j'ai imaginé, et qui indique immédiatement le moindre mouvement vertical de l'aérostat.

« Cependant la nuit approchant, je ne pouvais rester plus longtemps dans l'atmosphère; craignant que l'appareil n'arrivât à terre avec une certaine vitesse, je commençai à étouffer le feu avec du sable; j'ouvris tous les robinets de la chaudière, la vapeur s'écoula de toutes parts avec un fracas horrible; j'eus un moment la crainte qu'il ne se produisît quelque phénomène électrique, et pendant quelques instants je fus enveloppé d'un nuage de vapeur qui ne me permettait plus de rien distinguer. J'étais en ce moment à la plus grande élévation que j'ai atteinte; le baromètre marquait 1,800 mètres; je m'occupai immédiatement de regagner la terre, ce que j'effectuai très-heureusement dans la commune d'Éancourt, près Trappe, dont les habitants m'accueillirent avec le plus grand empressement et m'aidèrent à dégonfler l'aérostat. A dix heures, j'étais de retour à Paris. L'appareil a éprouvé à la descente quelques avaries insignifiantes qui seront bientôt réparées, et alors je m'empresserai de renouveler cette expérience, soit par moi-même, soit en la confiant à l'habileté et à la hardiesse de mes collaborateurs. Je ne terminerai pas sans faire savoir que j'ai été puissamment secondé dans cette entreprise par MM. David et Sciama, ingénieurs civils, anciens élèves de l'École centrale; c'est grâce à leur dévouement sans bornes, aux sacrifices de toute espèce qu'ils se sont imposés, et à leur concours intelligent, que j'ai pu exécuter ma première expérience. Sans eux, il m'eût été probablement impossible de la mettre à exécution dans un avenir prochain.

« Je saisis avec empressement cette occasion de leur en témoigner publiquement toute ma reconnaissance; c'est pour moi un devoir et une vive satisfaction.

Veuillez, etc.   « HENRI GIFFARD. »

Note B

DÉCRET DU GOUVERNEMENT DE LA DÉFENSE NATIONALE CONCERNANT LA CONSTRUCTION D'UN BALLON DIRIGEABLE

« Le Gouvernement de la Défense nationale, vu les propositions faites par M. Dupuy de Lôme, membre de l'Institut, membre du conseil de défense, pour la construction de ballons susceptibles de recevoir une direction, et spécialement applicables aux correspondances du gouvernement avec l'extérieur.

« Considérant que ces travaux sont d'un grand intérêt pour la défense nationale,

« Décrète :

« ARTICLE PREMIER. — Un crédit de 40,000 francs est ouvert au budget extraordinaire du ministère de l'instruction publique pour être affecté à la construction des ballons.

« ARTICLE 2. — M. Dupuy de Lôme est chargé de l'exécution et de la direction des travaux, auxquels il imprimera toute l'activité possible.

« Paris, 28 octobre 1870. »

(Suivent les signatures.)

Note C

DESCRIPTION DE L'AÉROSTAT DIRIGEABLE DE M. DUPUY DE LOME

(Extrait des *Comptes rendus* de l'Académie des sciences, février 1872)

RÉSUMÉ HISTORIQUE.

« C'est le 29 octobre 1870, pendant le siége de Paris par les armées allemandes, que j'ai été chargé de faire exécuter, pour le compte de l'État, un aérostat dirigeable, conçu conformément aux vues que j'avais exposées à ce sujet à l'Académie des sciences dans les séances des 10 et 17 du même mois.

« J'ai accepté cette mission, sans me dissimuler les difficultés que j'allais rencontrer pour l'exécution de mon appareil dans Paris assiégé, avec son industrie désorganisée. Malgré mes efforts et ceux de mes collaborateurs principaux, M. Zédé, ingénieur de la marine, et M. Yon, aéronaute, je n'ai pu réussir à terminer ce travail assez à temps pour qu'il pût servir pendant le siége.

« Des obstacles insurmontables, tels que l'insurrection du 18 mars et le second siége de Paris, suivis d'autres incidents relatés dans la Note, m'ont contraint de retarder encore l'essai de mon aérostat. Ce n'est qu'au mois de décembre dernier qu'il m'a été possible de le préparer, dans un local du Fort-Neuf de Vincennes mis à ma disposition par le ministre de la guerre. Une commission, nommée par le ministre de l'instruction publique, a été alors chargée de constater la remise à l'État de l'appareil, et de suivre l'essai que je demandais à en faire le plus tôt possible.

Description de l'aérostat.

« Une fois engagé dans l'étude des plans d'exécution de cet aérostat à hélice, tout en conservant les mêmes données principales exposées à l'Académie, dans les séances des 10 et 17 octobre, j'ai été conduit à modifier quelques dispositions et quelques dimensions.

« J'ai supprimé la vergue horizontale entre le ballon et la nacelle, tout en raccourcissant les brancards de celle-ci ; puis adoptant une hélice à deux ailes au lieu de quatre, et portant son diamètre à 9 mètres au lieu de 8 mètres, je l'ai placée à l'arrière de la nacelle, de manière à l'actionner directement par le treuil à manivelle, sans aucune transmission de mouvement par chaîne Galle ni par courroies.

« En adoptant cette disposition, j'ai été conduit à un nouveau système de suspension de nacelle d'une importance capitale au point de vue de la stabilité d'un ballon oblong dans le sens horizontal.

« Je rappelle que j'ai posé en principe que, pour obtenir un aérostat dirigeable, il faut tout d'abord satisfaire aux deux conditions ci-après :

« 1° La permanence de la forme du ballon, sans ondulations sensibles de la surface de son enveloppe ;

« 2° La constitution, pour l'ensemble de l'aérostat, d'un axe de moindre résistance dans le sens horizontal, et dans une direction sensiblement parallèle à celle de la force poussante.

« J'ai satisfait à la condition de permanence de la forme au moyen d'un ventilateur porté et manœuvré dans la nacelle, et mis en communication par un tuyau en étoffe avec un ballonnet placé à l'intérieur du ballon à sa partie basse. Le volume de ce ballonnet est le dixième de celui du grand ballon. Cette proportion permet de descendre de 866 mètres de hauteur, en maintenant le ballon gonflé malgré l'augmentation correspondante de la pression barométrique.

« Ce ballonnet à air est muni d'une soupape s'ouvrant de dedans en dehors, et réglée par des ressorts, de telle façon que si l'on venait à souffler mal à propos, ce serait l'air insufflé qui s'échapperait du ballonnet par cette soupape plutôt que de le gonfler en refoulant l'hydrogène plus bas que l'extrémité inférieure des pendentifs. Le grand ballon est muni de deux de ces pendentifs ouverts à l'air libre et descendant à 8 mètres au-dessous du plan tangent à la partie basse du ballon.

« Pour satisfaire au second principe, la constitution d'un axe horizontal de moindre résistance, j'ai donné au ballon la forme géométrique engendrée par un arc de cercle tournant autour de sa corde, et dont la flèche est, à très-peu près, le cinquième de la longueur de cette corde. Une forme plus oblongue eût encore plus réduit la résistance, accru la vitesse et rendu plus facile le maintien de la direction au moyen du gouvernail. Mais les difficultés relatives au filet croissant avec la longueur, j'ai tenu à la modérer.

Dimensions principales du plan d'exécution.

Longueur totale du ballon, de pointe en pointe. . . .	$36^m,12$
Diamètre au fort.	$14^m,84$
Rayon du méridien longitudinal.	$25^m,78$
Volume du ballon (calculé avec la forme de solide de révolution).	$3454^{m3},00$
Volume du ballonnet à air.	$345^{m3},00$
Force ascensionnelle par mètre cube d'hydrogène fabriqué *ad hoc*.	$1100^{gr},00$
Force ascensionelle de l'aérostat. { Ballonnet affaissé.	$3799^k,00$
{ Ballonnet gonflé. .	$3419^k,00$
Surface du ballon porteur.	$1225^{m2},00$
Surface du dessus du ballonnet.	$170^{m2},00$
Surface de la maîtresse section du ballon gonflé. . .	$172^{m2},96$
Distance du dessus de la nacelle en contre-bas du grand axe longitudinal du ballon.	$20^m,50$
Hauteur totale de l'aérostat du dessus du ballon au-dessous des quilles de la nacelle..	$29^m,12$
Longueur de la partie de la nacelle en osier.	$6^m,50$
Longueur totale de la nacelle de pointe en pointe des brancards.	$12^m,60$
Largeur de la nacelle au fort.	$3^m,26$
Distance à laquelle se trouve en contre-bas du grand axe horizontal du ballon, l'axe de l'hélice et du treuil moteur.	$20^m,45$
Diamètre de l'hélice.	$9^m,00$
Pas de l'hélice.	$8^m,00$
Nombre d'ailes.	1
Fraction de pas de chaque aile { au bout.	$\frac{1}{16}$
{ au centre d'action.. .	$\frac{1}{16}$
Nombre de tours d'hélice par minute, prévu pour obtenir une vitesse de l'aérostat de $2^m,22$ par seconde ou de 8 kilomètres à l'heure.	21 tours.
Diamètre du ventilateur destiné à gonfler le ballonnet, mesure prise en dehors des ailettes..	$0^m,65$
Diamètre du cercle d'entrée d'air.	$0^m,30$
Longueur des ailettes { à l'attaque de l'air.	$0^m,28$
{ à la sortie.	$0^m,10$
Nombre de tours normal par minute qu'un homme peut imprimer à la manivelle d'une manière soutenue.	20
Nombre de tours correspondant des ailettes.	500

Pression de l'air à cette allure dans le tuyau de refoulement. . . . . 4 c. d'eau.
Temps nécessaire à cette allure pour remplir d'air le ballonnet.. . . . . 15 minutes.

Disposition du filet.

« J'ai été conduit à l'emploi d'un système de deux filets concentriques suspendus tous deux à une chemise en étoffe construite sur les mêmes gabarits que le ballon et remplaçant toute la partie supérieure du filet ordinaire à partir du méridien horizontal.

« Le filet extérieur, qui est le *filet porteur* de la nacelle, est relié à la chemise, à la hauteur de ce méridien, au moyen d'une collerette et d'un mode d'attache qui répartit uniformément sur l'étoffe la traction de chaque corde.

« Le filet intérieur, que j'appelle *filet de balancine*, est attaché au bas de la chemise par un mode identique; il se détache du ballon tangentiellement à sa surface, environ aux trois quarts de sa hauteur, et forme au-dessous du ballon un cône dont le sommet est entre le ballon et la nacelle, dans l'axe vertical qui relie les deux centres. C'est du sommet de ce cône que partent les cordages formant balancines de la nacelle.

Gouvernail, nacelle, hélice, treuil à bras, soupapes.

« Le gouvernail se compose d'une voile triangulaire placée sous le ballon, près de la pointe arrière, et maintenue à sa partie basse par une vergue horizontale de 6 mètres de longueur, pouvant pivoter sur son extrémité avant. La hauteur de cette voile est de 5 mètres, sa surface de 15 mètres carrés. Deux drosses en filin pour manœuvrer le gouvernail descendent jusqu'à l'avant de la nacelle, sous les mains du timonier, qui a devant lui la boussole fixée à la nacelle avec sa ligne de foi parallèle au grand axe du ballon.

« La nacelle a sa partie centrale en osier sur la longueur nécessaire pour contenir assez commodément le treuil moteur avec huit hommes, le ventilateur pour gonfler le ballonnet et l'homme qui le manœuvre, le timonier, la personne préposée au mouvement du lest, celle chargée des soupapes, du guide-rope, de l'ancre ; enfin deux personnes dont l'une, chargée de la direction de la route, fait les observations pendant que l'autre inscrit et trace le chemin suivi sur la carte : en tout quatorze hommes d'équipage. La longueur réservée à ce personnel est de 6ᵐ,50. La nacelle en osier est prolongée à l'avant et à l'arrière par des brancards en bambous contretenus par des sous-barbes en cordes.

« L'hélice de propulsion est portée directement par la nacelle ; son arbre se prolonge à l'arrière, un peu au delà du bout des brancards, et le moyeu de l'hélice portant les ailes est facilement démontable. Cet arbre d'hélice peut se relever à l'arrière en pivotant sur son support avant, de façon à écarter l'hélice du sol avant le départ et au moment d'atterrir.

« Le treuil se compose d'un arbre en fer coudé dont les manivelles sont disposées de façon que le centre de gravité des corps des quatre ou huit hommes, pendant leur mouvement pour tourner ces manivelles, reste sensiblement au même point.

« Les soupapes pour l'évacuation de l'hydrogène sont au nombre de deux, placées sur le méridien supérieur du ballon, dans la direction prolongée des deux tuyaux formant pendentifs. Ces pendentifs, ouverts par le bas, laissent descendre dans la nacelle les cordes de manœuvre des soupapes.

Nature de l'étoffe du ballon et de son enduit.

« L'étoffe du ballon se compose d'un taffetas de soie blanche et d'un nansouk avec sept couches de caoutchouc interposées. »

M. Dupuy de Lôme donne la description de son vernis, à base de gélatine, appliqué à l'intérieur du ballon. Il parle ensuite du poids des différents organes de l'aérostat.

Nous renvoyons le lecteur, pour ces détails, aux *Comptes rendus de l'Académie des sciences.* (Séance du 5 février 1872.)

*Vitesse horizontale de l'aérostat par rapport à l'air ambiant,
et puissance à employer pour obtenir cette vitesse.*

« En me basant sur les mêmes considérations déjà développées dans la séance de l'Académie du 10 octobre 1870, j'ai établi :

« 1° Que la résistance de l'aérostat à la translation horizontale dans la direction de son grand axe, avec une vitesse de $2^m,22$ par seconde, ce qui fait 8 kilomètres à l'heure, ressort à $11^{kg},031$;

« 2° Qu'avec l'hélice à deux ailes de 9 mètres de diamètre et de 8 mètres de pas, telle que je l'ai conçue, cette vitesse de $2^m,22$ par seconde s'obtiendra avec 21 tours d'hélice par minute ;

« 3° Que le travail total à transmettre à cette hélice montée sur l'aérostat, libre dans l'air, sera de $33^k,\frac{43}{100}$ pour obtenir ces 21 tours par minute ;

« 4° Que quatre hommes suffiront pour soutenir cette allure en les relevant toutes les demi-heures ;

« 5° Qu'en mettant au treuil les huit hommes à la fois, on soutiendra facilement, pendant une demi-heure, 27 à 28 tours, et que, momentanément, on pourra obtenir jusqu'à 33 tours $\frac{1}{2}$, correspondant à une poussée horizontale de $27^k,58$, et à une vitesse de l'aérostat de $3^m,50$ par seconde, ou de $12^k,600$ à l'heure.

Stabilité de l'aérostat.

« J'ai démontré que, grâce à mon système de filets, la stabilité de l'ensemble de cet aérostat, ballon, filets et nacelle, peut être calculée comme celle d'un corps rigide, tant que les inclinaisons latérales ne dépasseront pas 20 degrés, et les inclinaisons longitudinales 28 degrés.

« Le centre de gravité de l'ensemble, calculé pour l'aérostat à la fin de son lest, est situé à $15^m,54$ en contre-bas de l'axe horizontal du ballon.

« Il en résulte que, même sous l'effort maximum dont huit hommes travaillant à l'hélice sont susceptibles, l'assiette d'équilibre du ballon en marche ne différera pas de $\frac{1}{2}$ degré de celle de son équilibre au repos, et qu'un homme, allant de l'avant à l'arrière de la nacelle, ne fera pas incliner de plus de $\frac{2}{3}$ de degré.

Production du gaz hydrogène pour gonfler le ballon.

« J'ai disposé à cet effet un appareil de production d'hydrogène, par l'action de l'acide sulfurique et de l'eau, sur de la tournure de fer, avec un laveur et un appareil sécheur.

« Conformément aux données pratiques de M. Yon, j'ai établi deux batteries, de 40 tonneaux chacune, devant fonctionner successivement, et produisant à chaque opération 500 mètres cubes d'hydrogène ; ce qui exigera sept opérations d'une batterie de 40 tonneaux pour produire les 3,450 mètres cubes nécessaires au gonflement de l'aérostat.

« Le temps nécessaire à une opération de batterie a été estimé à deux heures. En ne travaillant pas la nuit, cela conduit à opérer pendant deux journées pour gonfler le ballon. »

Navigation aérienne. — Essai de l'aérostat à hélice,
par M. Dupuy de Lôme.

« La Commission nommée par le Ministre de l'Instruction publique pour constater la remise à l'État de l'aérostat et de ses accessoires, et pour assister ensuite aux essais que je demandais à faire, a d'abord pris connaissance des plans et de la Note que je viens de lire ; puis elle s'est rendue le 8 janvier à Vincennes pour y examiner l'appareil dans le manége du Fort-Neuf, où il était déposé avec tout le matériel destiné à la production du gaz hydrogène.

« Les mauvais temps prolongés qui ont régné pendant presque tout le mois de janvier m'ont obligé à attendre encore avant d'opérer le gonflement du ballon.

« Le 30 de ce mois, le temps paraissant s'améliorer, je me décidai à commencer ce gonflement.

« Cette opération délicate s'est exécutée avec un plein succès, et le volume d'hydrogène, résultant de chaque production d'une batterie de 40 tonneaux, a bien été celui annoncé dans ma Note en décembre. La force ascensionnelle de ce gaz, mesurée dans un petit ballon d'essai, a été trouvée de 1,120 grammes par mètre cube. Toutefois, l'opération a marché plus lentement que je ne l'avais prévu. La production du gaz d'une batterie a duré trois heures au lieu de deux, même en abandonnant le restant de production qui se continuait encore lentement au bout de trois heures. Il en est résulté que, dans les journées courtes de cette époque de l'année, ne voulant pas travailler à la lumière, il nous a fallu trois jours pour gonfler entièrement le ballon.

« Il était prêt le 1er février au soir; il a été tenu gonflé toute la nuit du 1er au 2, et le 2 au matin on a procédé à son exhaussement du sol, à la hauteur voulue pour permettre le placement de la nacelle avec toute l'installation des filets, des suspentes et des balancines, ainsi que du gouvernail, du tuyau de ventitateur, etc.

« Sept batteries avaient suffi pour remplir le ballon, une huitième avait été disposée, prête à réparer, le 2 au matin, les pertes de gaz qui auraient pu se produire; mais les pertes d'un jour à l'autre étaient inappréciables, nous avions déjà la preuve que l'étoffe avec son enduit tenait le gaz hydrogène de la façon la plus satisfaisante.

« A 9 heures du matin, le tuyau de communication entre le ballon et l'appareil de production de gaz a été enlevé. Ce n'est qu'à 1 heure de l'après-midi que l'ascension a eu lieu, et pendant ces quatre heures le ballon est resté parfaitement gonflé avec ses parois tendues sous la pression du gaz, qui n'a pas cessé de remplir les pendentifs.

« Le vent s'était élevé depuis le matin avec assez de force dans la direction du sud; les bulletins du Bureau météorologique de l'Observatoire étaient loin d'être rassurants.

« Le 1er février, ils annonçaient baisse du baromètre à Paris, vent du sud sur tout le nord de la France, tempête du sud-ouest à l'entrée de la Manche.

« Le 2 février, le ciel était couvert, la pluie était imminente, il ventait sud assez fort à Paris et sur la Manche; le baromètre avait baissé en Hollande.

« Néanmoins, et malgré les difficultés que le vent soufflant

3.

par rafales nous causait pour l'opération du placement de la nacelle et de ses accessoires, ayant la plus entière confiance dans les facilités que les dispositions de cet aérostat nous donneraient pour opérer la descente, je me décidai à faire une ascension dont la durée n'avait pas besoin d'être prolongée.

« Sous l'action d'une forte rafale qui fit tourner le ballon sur lui-même, en l'inclinant de la verticale au moment où la nacelle, encore incomplétement liée à ses suspentes, était chargée d'un excédent de lest considérable, il arriva que les suspentes fixées à l'avant des brancards exercèrent sur ceux-ci une traction latérale à laquelle la nacelle ne put pas céder comme elle l'eût fait si elle avait été suspendue. A ce moment, un des bambous du brancard de l'arrière fut plié, et un des brancards de l'avant fut cassé. Je fis réparer rapidement cette avarie, mais le brancard arrière porte-hélice resta un peu déformé, et il en est résulté une résistance anormale pour faire tourner l'arbre de l'hélice. Cet inconvénient, qui me fut signalé avant de partir, n'était pas de nature à faire ajourner l'essai.

« Toutes les suspentes de la nacelle étaient en place, ainsi que les balancines ; l'hélice étant montée sur le bout de son arbre, je donnai l'ordre à chaque homme de l'équipage de prendre son poste, et M. Yon, qui avait dirigé depuis trois jours les détails de cette difficile opération du gonflement avec une intelligence et un zèle dont je tiens à le remercier ici, se chargea aussitôt de régler le lest pour partir au plus vite.

« L'aérostat, avec tout le matériel énuméré dans la Note remise en décembre à la Commission, ayant de plus 25 kilogrammes de cordages supplémentaires, avec son équipage de quatorze personnes, était sensiblement en équilibre au ras du sol, la nacelle contenant 650 kilogrammes de lest en sable dans des sacs de 15 et de 10 kilogrammes.

« A partir de ce moment il a été encore sorti de la nacelle dix sacs de 15 kilogrammes, ce qui a donné à la force ascensionnelle un excédant de 150 kilogrammes sur le poids. Au signal donné, les cordes de retenue ayant été lâchées, l'aérostat s'est élevé assez rapidement pour que nous n'ayons pas eu un instant à craindre d'être poussés par une rafale contre un des édifices bordant la cour du Fort-Neuf.

« Il était 1 heure au moment du départ, et le baromètre

marquait près du sol 755 millimètres ; le vent paraissait souffler du sud assez fort ; la température était de 8 degrés.

« Préoccupé d'autres soins, je n'ai point fait observer la vitesse d'abaissement du baromètre pendant l'ascension sous l'action de la force précipitée. Ce n'est qu'à $1^h 15^m$ que nous avons commencé dans la nacelle nos observations régulières.

« Peu de minutes après le départ, on a descendu sur son coussinet-arrière l'arbre de l'hélice, qui, comme je l'ai fait connaître dans la Note explicative, est fait pour se relever, avant le départ et au moment de toucher terre, par un mouvement angulaire qui écarte l'hélice du sol et la met à l'abri des chocs susceptibles de l'avarier. L'hélice a été mise alors en mouvement par les huit hommes à la fois ; doucement d'abord, plus vite ensuite. Le gouvernail a été porté à droite, puis à gauche, puis tenu dans le plan diamétral pour voir comment l'aérostat répondait à son action.

« Dès que l'hélice a été mise en mouvement, l'influence du gouvernail s'est immédiatement fait sentir dans le sens voulu, ce qui prouvait déjà que l'aérostat avait une vitesse propre par rapport à l'air ambiant.

« L'anémomètre présenté au courant d'air à l'avant de la nacelle restait d'ailleurs immobile tant que l'hélice était stoppée, et tournait dès que l'on faisait fonctionner l'hélice motrice ; il prouvait donc aussi que l'aérostat avait une vitesse propre sous l'influence de son moteur.

« Mais, avant d'aller plus loin, je vais dire un mot des instruments que j'avais préparés pour mesurer la vitesse propre à l'aérostat, constater les directions dans lesquelles agissait cette vitesse, mesurer, d'autre part, la direction de la route suivie par l'aérostat par rapport à la terre et sa vitesse sur cette route.

« Tout en constatant la solution du problème de la stabilité d'un ballon oblong, il est clair que l'objet de l'expérience que j'avais entreprise consistait, en outre, à reconnaître : 1° quelle vitesse l'aérostat obtenait par rapport à l'air ambiant sous l'influence de son hélice mise en mouvement à telle ou telle vitesse ; 2° de quelle façon il obéissait à son gouvernail, soit pour maintenir le cap dans une direction voulue, soit pour changer cette direction à volonté.

« Prévoyant que je rencontrerais dans cette saison des vents trop rapides, en présence desquels la vitesse propre à l'aérostat ne pourrait produire qu'une déviation minime, je tenais à constater directement cette vitesse de l'aérostat par un moyen analogue au loch, en mer, qui donne la vitesse sur l'eau indépendamment des courants. Un appareil aérien, analogue au loch, était difficile à installer, à cause de l'hélice de 9 mètres de diamètre tournant à l'arrière de la nacelle. Je me décidai à construire un anémomètre au moyen d'une petite hélice légère à quatre ailes, d'un pas assez allongé pour qu'il soit facile de compter le nombre de tours. Cet anémomètre à hélice, une fois construit, a été ensuite expérimenté directement à terre, en le transportant dans le sens de son axe avec une vitesse connue, dans un local à l'abri de tout courant d'air; j'ai reconnu ainsi que la vitesse de translation de cet anémomètre et le nombre de tours qui en résultaient étaient liés par l'équation

$$V = 1^{\mathrm{m}},12\,\frac{n}{60} + 0^{\mathrm{m}},21,$$

en appelant V la vitesse de translation par seconde, n le nombre de tours par minute.

« J'ai ainsi dressé un tableau donnant de suite la vitesse de translation de l'aérostat par rapport à l'air ambiant en fonction du nombre de tours de l'anémomètre.

« La direction du cap a été obtenue comme dans tout navire, au moyen d'une boussole fixée dans la nacelle et ayant la ligne de foi parallèle au grand axe du ballon.

« Pour mesurer la route suivie par l'aérostat par rapport au sol, j'ai pris une boussole d'embarcation de la marine, sur une des faces latérales de laquelle j'ai fixé une planchette parallèle au plan vertical passant par la ligne de foi de la boussole. Le champ de cette planchette est peint en noir, la partie formant surface verticale parallèle à la ligne de foi a été maintenue blanche; de cette façon, il est très-facile de s'assurer qu'on a le rayon visuel placé dans le plan vertical précité. Quant à la verticabilité de ce plan, elle résulte naturellement de la suspension de la boussole qu'on tient libre à la main.

« En remarquant un objet quelconque bien visible sur la terre, et passant sous l'observateur, puis en tournant la planchette de la boussole dans la direction du même objet, quand il est bien écarté de la verticale, on lit directement sur la boussole la direction de la route suivie sur la terre.

« C'est, du reste, le procédé déjà indiqué par M. Janssenne.

« La même observation donne la vitesse de l'aérostat sur le sol, en fonction de sa hauteur, de la manière suivante :

« Sur la planchette en question sont fixées trois broches métalliques formant un triangle dont la hauteur est double de sa base horizontale. On note à une montre à secondes le moment du passage de l'objet précité dans la direction du côté du triangle le plus rapproché de la verticale; puis ensuite le moment du passage de ce même objet dans la direction du côté le plus incliné. Le nombre de secondes écoulées entre les deux passages donne le temps que l'aérostat a mis à parcourir, par rapport au sol, une distance égale à la moitié de sa hauteur.

« J'avais fait préparer à l'avance une épure donnant, à sa seule inspection, la vitesse sur le sol en fonction de la hauteur et de la durée en secondes de l'observation précitée.

« Quant aux hauteurs de l'aérostat, je les lisais directement, avec une approximation suffisante pour la nature de cette expérience, sur le cadran d'un baromètre anéroïde, gradué à cet effet en mètres de hauteur, cadran mobile sur celui des graduations en millimètres, de manière à placer le zéro des hauteurs vis-à-vis le nombre de millimètres observés à terre au moment du départ.

« Les températures n'ont été observées qu'au moyen d'un thermomètre ordinaire d'une sensibilité médiocre, mais suffisante pour ce que j'avais en vue.

« Pour plus de simplicité, j'ai relevé toutes les directions de route et celles du cap, *par rapport au méridien magnétique*, et je vais les relater telles quelles dans ce qui va suivre.

« Reprenant le récit de l'essai du 2 février, je rappelle que, depuis le moment du départ du sol, à 1 heure jusqu'à 1^h15^m, nous avons fait diverses évolutions, et nous nous sommes assurés que tout fonctionnait oien sans nous occuper à prendre des mesures précises.

« A 1ʰ15ᵐ, j'ai fait stopper l'hélice pour reconnaître la direction dans laquelle nous entraînait le vent seul. — Les observations de 1ʰ15ᵐ à 1ʰ20ᵐ donnent :

Hauteur de la nacelle au-dessus du niveau du point de départ..	560 mètres.
Température..	6 degrés.
Direction de la route sur le sol (méridien magnétique)	E.-E. 7° N.
Vitesse dans cette direction.	12 mètres par seconde.
Ou.	43200 mètres par heure.

« A 1ʰ30ᵐ, hélice en mouvement, avec ordre au timonier de maintenir le cap au sud-est, faisant ainsi un angle de 83 degrés avec la dernière route observée avec le vent seul :

Hauteur.	607 mètres.
Température	6 degrés.
Cap (direction moyenne, avec des variations de quelques degrés de chaque bord).	S.-E.
Nombre d'hommes à l'hélice..	8.
Nombre de tours d'hélice par minute. .	25.
Vitesse propre à l'aérostat, mesurée à l'anémomètre..	2ᵐ,35 par seconde.
Vitesse de l'aérostat sur le sol.	8460 mètres par heure.
Ou.	12 mètres par seconde.
Direction de la route sur le sol.. . . .	43200 mètres par heure.
Angle de cette route avec la précédente	N.-E. 5° F.

« A 1ʰ45ᵐ, hélice stoppée :

Hauteur.	580 mètres.
Température..	6 degrés.
Vitesse sur le sol.	15 mètres par seconde.
Ou.	54000 mètres par heure.
Direction sur le sol..	N.-E. 5° N.
Angle de cette route avec la précédente.	10 degrés.

« A 1ʰ55ᵐ, hélice toujours stoppée ; la route change visiblement peu à peu de direction; quand elle est devenue de nouveau constante, l'instrument de relèvement a donné :

Pour la direction sur le sol.. . . . . . .   N.-E. 5º E.

« A 2 heures, hélice en mouvement :

Hauteur. . . . .   608 mètres.
Température. . . . .   5 degrés
Direction du cap. . . . .   S.-E.
Nombre d'hommes à l'hélice. . . . . .   8.
Nombre de tours d'hélice par minute.. .   26.
Vitesse propre à l'aréostat mesurée à l'a-
    némomètre.. . . . .   2m,45 par seconde.
Ou. . . . .   8820 par heure.
Vitesse de l'aérostat sur le sol. . . . .   16 mètres par seconde.
Ou. . . . .   57600 mètres par heure.
Direction de la route sur le sol. . . . .   N.-E. 15º E.
Angle de cette route avec la précédente.   10 degrés.

« A 2ʰ15ᵐ, hélice marchant encore :

Hauteur. . . . .   660 mètres.
Température.. . . . .   4 dégrés.
Direction moyenne du cap. . . . . . .   S.-E.
Nombre d'hommes à l'hélice.. . . . .   8.
Nombre de tours de l'hélice par minute.   27 ½.
Vitesse propre à l'aérostat mesurée à l'a-
    némomètre . . . .   2m,82 par seconde.
Ou. . . . .   10m,252 par heure.
Vitesse de l'aérostat sur le sol. . . . .   17 mètres par seconde.
Ou. . . . .   61200 mètres par heure.
Direction de la route sur le sol.. . . . .   N.-E. 16 E.
Angle de cette route avec la dernière
    observée avec le vent seul.. . . . . .   11 degrés.

« A 2ʰ30ᵐ, hélice stoppée :

Hauteur. . . . .   910 mètres.
Température.. . . . .   5 degrés.
Vitesse de l'aérostat sur le sol. . . . .   17 mètres par seconde.
Ou. . . . .   61200 mètres par heure.
Direction de la route sur le sol. . . .   N.-E. 6º E.
Angle de cette route avec la précédente.   10 degrés.

« A 2ʰ35ᵐ, hélice stoppée :

Hauteur. . . . . 1020 mètres.
Température. . . . . 4 degrés.
Vitesse de l'aérostat sur le sol. . . . . 16ᵐ,50 par seconde.
Ou. . . . . 59400 mètres par heure.
Direction de la route sur le sol. . . . . N.-E. 6° E.

« A partir de 2ʰ35ᵐ, nous nous sommes occupés à descendre pour prendre terre, et à 3 heures précises nous touchions le sol au delà de Mondécourt, à 10 kilomètres un quart dans l'est, 17 degrés nord de Noyon.

« Il me paraît intéressant de relater ici le fait suivant, sans que j'y attache une importance exagérée ; mais il est cependant de nature à corroborer la confiance que m'inspire la méthode indiquée ci-dessus pour mesurer les directions de route et les vitesses sur le sol.

« A 1ʰ15ᵐ, nous avions marqué de notre mieux notre point sur la carte de l'État Major ; malheureusement, je n'ai pas réussi à ce moment à retrouver sur la terre la cour du Fort-Neuf de Vincennes, déjà trop éloignée. Quoi qu'il en soit, M. Zédé a tracé sur la carte, à partir du nouveau point de départ, les directions et les vitesses que je lui dictais, et quand, sur le point d'atterrir, nous nous sommes demandé quel pouvait être le village au-dessus duquel nous allions passer, M. Zédé, confiant dans sa route tracée sur la carte, nous répondit que ce devait être Mondécourt, sur les confins du département de l'Oise et de l'Aisne. Un instant après, les villageois, à qui nous demandions en passant sur leur tête quel était le nom de leur village, nous répétaient en criant le nom de Mondécourt.

« L'opération de l'atterrissage s'est faite avec un plein succès, sans aucune secousse, malgré la force du vent, grâce à la forme de l'aérostat qui s'est présenté debout au vent dès que la corde du guide-rope eut traîné quelque temps sur le sol, et grâce aussi au point d'attache de ce guide-rope et de la corde de l'ancre, non plus sur la nacelle même, mais près de la pointe avant du ballon sur le point de bridure des dernières pattes d'oie du filet porteur, point relié au restant de ce filet par une filière en faisant tout le tour.

« Ayant touché le sol à 3 heures, nous avons été bientôt entourés de paysans qui nous ont aidés à contenir la nacelle, pendant qu'avec la soupape ouverte nous dégonflions le ballon. A 3^h15^m, l'hélice, l'organe le plus délicat de cet ensemble, était démontée sans aucune avarie et séparée de la nacelle ; à 6 heures, le ballon, la chemise et le filet étaient pliés et placés sous une bâche, sous la garde de deux hommes de notre équipage, en attendant que deux camions, demandés à la station du chemin de fer à Noyon, vinssent chercher le tout. Ballon, nacelle, hélice, le tout en bon état, sont maintenant en route ou rendus à Paris.

« Revenons sur quelques faits importants de cette expérience : il me reste d'abord à dire que la stabilité de la nacelle, due à son nouveau mode de suspension, a été parfaite ; elle n'éprouvait *aucune oscillation* sous l'action des huit hommes travaillant au treuil de l'hélice, et l'on pouvait se porter facilement plusieurs personnes à la fois à gauche et à droite, ou de l'avant à l'arrière, sans qu'on s'aperçoive d'aucun mouvement, pas plus que sur le parquet d'un salon.

« Évidemment le centre de gravité se déplaçant, il y avait un petit changement de quelques fractions de degré dans la verticale de tout le système, ballon et nacelle, ainsi que cela ressort des calculs présentés dans la Note explicative, Chapitre : *Stabilité*; mais il était impossible d'apercevoir un mouvement relatif de la nacelle par rapport au ballon, ni rien d'analogue aux oscillations d'une embarcation flottante dont l'équipage se déplace.

« En ce qui concerne le maintien de l'horizontalité de l'axe longitudinal du ballon oblong, l'expérience a été aussi des plus concluantes.

« Le résumé des faits acquis par l'essai du 2 février peut se formuler ainsi :

« 1° Stabilité assurée malgré la forme oblongue, grâce au système du filet de balancine ;

« 2° Maintien de la forme au moyen du ballonnet à air ;

« 3° Faculté de maintenir le cap dans une direction voulue, quand l'hélice fonctionne, malgré quelques embardées dues en grande partie à l'inexpérience du timonier ;

« 4° Vitesse déjà importante imprimée à l'aérostat par rapport à l'air ambiant au moyen de l'hélice mue par huit hommes, cette vitesse s'étant élevée à 2ᵐ,82 par seconde, ou 10 ¼ kilomètres pour 27 ½ tours d'hélice par minute;

« 5° Le rapport de la vitesse propre de l'aérostat au produit du pas de l'hélice par son nombre de tours est de 76 pour 100; dans mon exposé des plans de l'aérostat, j'avais écrit que ce rapport serait au moins de 74 pour 100. La résistance totale de l'aérostat, comparée à celle de l'hélice, est donc un peu moindre que je ne l'avais estimée;

« 6° Les huit hommes employés pour obtenir ces 27 ½ tours par minute développaient, en moyenne, un travail dont je n'ai pas la mesure exacte, mais que je ne saurais estimer à plus de 60 kilogrammètres, surtout en raison du frottement anormal de l'arbre de l'hélice dans ses coussinets dont j'ai parlé précédemment.

« Si l'on parvenait à se mettre bien à l'abri des dangers que présente une machine à feu portée par un ballon à hydrogène, on ferait facilement une machine de huit chevaux de 75 kilogrammètres avec le poids des sept hommes, dont on pourrait diminuer le chiffre de l'équipage, en conservant seulement un mécanicien sur les huit hommes employés à tourner l'hélice. Le travail moteur serait ainsi de 600 kilogrammètres, c'est-à-dire dix fois plus grand, et la vitesse de 10 ¼ kilomètres à l'heure, obtenue le 2 février, s'élèverait avec le même aérostat à 22 kilomètres à l'heure. Le combustible et l'eau d'alimentation pourraient être prélevés sur le lest de consommation. On obtiendrait ainsi un appareil capable non-seulement de se dévier du lit d'un vent d'un angle considérable par des vents ordinaires, mais pouvant même assez souvent faire route par rapport à la terre dans toutes les directions qu'il voudra suivre. »

Tel est le rapport présenté par **M. Dupuy de Lôme** à l'Académie des sciences. — Nous avons retranché de ce long document quelques passages relatifs à des détails de peu d'intérêt, mais nous ne saurions trop faire remarquer que le nom de M. Gillard semble être passé sous silence d'une façon systématique.

Note D

OPINION DE QUELQUES SAVANTS SUR L'AÉROSTAT
DE M. DUPUY DE LOME

En lisant les documents très-intéressants qui vont suivre, le lecteur verra que nous ne sommes pas seul de notre avis au sujet du système de M. Dupuy de Lôme; notre opinion s'appuie sur l'autorité de quelques savants publicistes dont le public a su depuis longtemps apprécier le mérite.

Opinion de M. l'abbé Moigno

LES BALLONS DIRIGEABLES ET DIRIGÉS

(Extrait d'un article publié dans le *Moniteur scientifique*
du 1er décembre 1870.)

Cet article a été publié pendant le siége de Paris, deux mois environ après le projet que M. Dupuy de Lôme avait présenté à l'Académie des sciences. Voici comment s'exprimait M. l'abbé Moigno :

« Sortant des voies suivies par mes chers confrères de la presse scientifique, je m'occuperai très-peu de la théorie, mais beaucoup des faits déjà accomplis; je laisserai de côté les idées et les projets pour m'attacher à la pratique. Si, au 10 octobre, désarmé de mes *Mondes*, qui dorment leur triste sommeil de siége, j'avais eu l'heureuse pensée de demander à *l'Univers* l'hospitalité qu'il m'accorde si libéralement, je me serais mis immédiatement en mesure de faire ce que M. Wilfrid de Fonvielle a fait seulement le 14 novembre. J'aurais rappelé à l'Académie et au public que le gros problème des ballons dirigés, si savamment et si indépendamment discuté par M. Dupuy de Lôme, l'illustre directeur honoraire des constructions navales, avait reçu en septembre 1852, il y a dix-huit ans, une solution mieux arrêtée et plus complète;

et que cette solution avait subi l'épreuve d'une expérience grandiose, la seule expérience de ce genre qu'on ait encore tentée, je veux dire *un aérostat monté, portant avec lui une machine à vapeur de la force de 3 chevaux*, avec son charbon et son eau d'alimentation, se défendant assez de l'entraînement du vent pour opérer avec un plein succès diverses manœuvres de mouvement circulaire et de déviation latérale, seul but que M. Dupuy de Lôme espère atteindre.

« J'aurais ajouté, ce que n'a pas fait M. de Fonvielle, que, de 1852 à 1870, M. Giffard n'a pas cessé un instant de poursuivre sa grande œuvre; qu'il ne s'arrêtait que lorsque la satiété de toujours rêver ballon allait jusqu'au dégoût extrême, et qu'enfin au début de la guerre il était prêt à entrer en campagne. Quels regrets n'inspireront pas ces lignes écrites presque sous sa dictée, et qui ont pris place dans mes *Mondes* du 15 octobre 1863, *il y a plus de sept années!*

« Nous avons eu le plaisir de passer quelques excellentes heures avec M. Henri Giffard, et de recevoir de lui de précieuses confidences; nous avons été bien heureux d'apprendre que le grand et difficile problème du ballon dirigé était résolu autant qu'il peut l'être, au delà des espérances les plus ambitieuses. Quand la fièvre causée par le succès de l'injecteur aura cessé, quand M. Giffard aura repris tout son sang froid, à l'heure et au jour choisis, il descendra de nouveau dans l'arène avec son ballon cylindro-conique, sa machine à vapeur, et son condensateur à grande surface, pour s'élancer et naviguer dans les airs. Parti du Champ-de-Mars, l'aérostat dompté fera le tour de Paris, et reviendra au Champ-de-Mars, absolument comme un cheval de course part du poteau et y revient. Dès aujourd'hui M. Giffard, et l'on peut s'en rapporter à lui, est certain que le remorquage de la machine à vapeur installé dans la nacelle fera avancer le ballon par un temps calme ou un vent très-faible, de 10 mètres par seconde, de 500 mètres par minute, 35 kilomètres (neuf lieues) par heure; c'est la vitesse moyenne des chemins de fer. Il ajoute que les provisions de charbon et d'eau emportées par un aérostat de moyenne grandeur suffiront à un voyage de trois jours et de trois nuits, c'est-à-dire pour parcourir deux fois la France dans sa plus grande longueur. Le moteur sera l'hélice, mais une hélice rationnelle, à larges ailes, attelée à la nacelle, et animée d'une vitesse médiocre.

« A ceux qui s'étonnent de se trouver en présence d'une solution si avancée, nous dirons que M. Giffard, depuis sa dernière ascension dans les airs (en 1852), n'a pas interrompu un seul instant ses expériences. Il a d'abord mis à l'essai tous les tissus imaginables, tous les enduits assez imperméables pour permettre d'employer du gaz hydrogène pur extrait de l'eau. Il rit dans sa barbe de voir recourir à du taffetas épais ou cher, quand une batiste double, revêtue à l'intérieur et à l'extérieur à la fois d'une couche de caoutchouc noir d'Amérique, fait un si admirable service. Le tissu et l'enduit trouvés, il fallait créer une machine à vapeur dont le poids, à force égale, ne fût qu'une très-petite fraction du poids des moteurs ordinaires, c'est-à-dire qu'il fallait créer la machine à vapeur à haute pression, qui pèse peu et consomme beaucoup moins de combustible. La première machine de ce genre, construite dans les ateliers de M. Flaud, a déjà marché à SOIXANTE atmosphères, et M. Giffard s'apprête à pousser la pression jusqu'à 200 atmosphères! Ce n'était pas assez encore : la provision d'eau qu'on peut enlever dans les airs étant nécessairement très-limitée, il fallait se servir de la même eau, et condenser par conséquent la vapeur à mesure qu'elle produit son effet mécanique. Ce nouveau progrès a été réalisé aussi rapidement que les précédents, tant notre ami est maître de lui-même et des éléments auxquels il commande. Chacun de nos lecteurs pourra, quand il le voudra, voir, avenue de Suffren, n° 40, suspendus au plafond de l'atelier, une série de tuyaux méplats, à large surface, qui condensent la vapeur d'une machine de 10 chevaux! Forme de l'aérostat, tissu, enduit, machine à vapeur, condensateur, hélice, tout est donc arrêté, tout pourra être prêt dans quelques mois de travail, quand l'heure aura sonné.

« Et ce qui rend M. Giffard absolument sûr du succès de son expérience, c'est qu'il n'a plus qu'à refaire, dans des conditions incomparablement plus excellentes, ce qu'il osa tenter dans des conditions presque impossibles. En outre, l'injecteur l'a fait riche, très-riche, et quelle immense supériorité lui donne ce sentiment tout-puissant qu'il se suffit

pleinement à lui-même, qu'il n'a rien, absolument rien, à
demander à personne. Voilà ce que nous écrivions en 1863,
il y a plus de sept ans. Comparons ces données et ces affir-
mations si positives aux lieux communs et aux calculs vagues
que l'on ressasse autour de nous depuis un mois, et nous
comprendrons, hélas! combien le progrès est lent à percer.

« F. Moigno. »

Opinion de M. Victor Meunier

LE BALLON DE M. DUPUY DE LOME

(Extrait d'un article de la *France scientifique* (ancien *Cosmos*),
10 septembre 1871.)

... J'ai toujours pensé et plusieurs fois écrit, dit M. Victor
Meunier, que la constitution de la navigation aérienne au
moyen d'aérostats est aujourd'hui moins affaire d'invention
qu'affaire de pratique; que tous les éléments nécessaires à un
commencement de réalisation existent et qu'il ne s'agit que
de les mettre en œuvre; commencement modeste naturellement, comme sont souvent les débuts de ce qui est appelé à
fournir une très-longue carrière.

« Il n'est personne, parmi ceux qui ont fait quelque étude
à ce sujet, à qui nous ayons la prétention d'apprendre en
quoi consistait la mémorable expérience faite le 24 septembre
1852 par un ingénieur alors jeune, pauvre, inconnu, et qui,
depuis, s'est corrigé de ce que cet ensemble de traits carac-
téristiques pouvait avoir de défectueux.

« Pour les personnes moins au courant, nous rappellerons
que ce jour-là M. Henri Giffard, partant de l'Hippodrome, con-
duisit à une hauteur de 1,800 mètres, — vingt-sept fois celle
des tours de Notre-Dame, — un aérostat de forme allongée,
la seule qui soit propre à la direction, et mu par une machine
à vapeur. Long de 44 mètres, ayant 12 mètres de diamètre
au milieu et terminé par deux pointes, l'aérostat contenait
2,500 mètres cubes de gaz. Il était muni d'une hélice et
d'une voile faisant office de gouvernail. La machine à vapeur
était de 3 chevaux...

« Dix-huit années s'étaient écoulées depuis cette grande expérience quand M. Dupuy de Lôme, persuadé que personne encore n'avait réalisé le projet d'un aérostat capable de se mouvoir horizontalement, en vertu d'une force propre, et que même personne encore n'avait poussé assez loin l'étude d'aucun projet de ce genre pour qu'on pût « le considérer comme fondé sur des calculs suffisamment approchés de la vérité ni sur des dispositions praticables sans trop de difficultés, » M. Dupuy de Lôme, dis-je, propose quoi? de construire un aérostat de forme oblongue et terminé par deux pointes, qui sera long de 36 mètres et d'un diamètre de 14 mètres, qui sera mu par une hélice et muni d'une voile faisant office de gouvernail; chose curieuse qu'après cette rencontre nez à nez avec M. Giffard, M. Dupuy de Lôme ait ignoré l'existence de son devancier au point de ne pas le nommer.

« Ce n'est pas qu'entre l'invention de l'ingénieur civil et la proposition de l'académicien il y ait identité. Non. Ainsi M. Giffard faisait mouvoir son hélice par une machine à vapeur qui, dès cette époque, ne pesait, chaudière comprise que 5 à 6 kilogrammes par force d'homme; M. Dupuy de Lôme revient à la force humaine. De plus, pour maintenir le ballon sans cesse gonflé, nonobstant les dépenses de gaz, et afin de pouvoir opérer un grand nombre de montées et de descentes alternatives sans perdre de gaz, celui-ci emploie un organe qui n'existait pas dans l'appareil de M. Giffard : c'est une poche pneumatique établie à l'intérieur de l'aérostat, poche dans laquelle on refoule de l'air pour descendre et d'où l'on soutire de l'air pour monter. Hâtons-nous de dire que cette poche n'est, pas plus que le reste, de l'invention de M. Dupuy de Lôme, et qu'après avoir été proposée par le général Meusnier, elle a été employée par les frères Robert dans leur célèbre ascension du 15 juillet 1784...

« Victor Meunier. »

Opinion de M. Louis Figuier

M. Figuier est un de nos savants publicistes qui ont le mieux apprécié les travaux de M. Giffard. Dans son ouvrage, *les Merveilles de la science*, il insiste longuement sur les expériences faites par M. Giffard dans ses ballons dirigeables et sur les magnifiques résultats qu'il a obtenus avec ses ballons captifs.

Voici comment M. Figuier s'exprime au sujet du ballon de M. Dupuy de Lôme dans son dernier volume de *l'Année scientifique* (L. Hachette et Ce, 1872) :

« ... M. Dupuy de Lôme n'arriva en fin de compte qu'à réaliser un système déjà expérimenté par un autre chercheur, M. Giffard...

« Pour maintenir le ballon sans cesse gonflé, malgré les déperditions du gaz, qui se produisent toujours, M. Dupuy de Lôme employait le moyen qui avait été proposé à la fin du siècle dernier par Meusnier.

Après avoir passé à la description de l'appareil de M. Dupuy de Lôme, M. Figuier ajoute :

Il n'y avait eu en tout cela presque aucune innovation. L'aérostat adopté par M. Dupuy de Lôme différait peu, avons-nous dit, de celui qui avait été expérimenté en 1852 par M. Giffard... M. Giffard avait osé emporter, au sein des airs, une machine à vapeur, tandis que M. Dupuy de Lôme, craignant la présence d'un foyer dans le voisinage d'un gaz inflammable, s'était contenté de la force des hommes... »

FIN

TABLE DES MATIÈRES

Préface.. v

I. Le ballon dirigeable de M. Henri Giffard en 1852.... 1

II. Nouvelle tentative de direction aérienne exécutée par M. Giffard en 1855. — Perfectionnements des organes du ballon. — Création des aérostats captifs à vapeur... 9

III. Le ballon dirigeable de M. Dupuy de Lôme en 1872. 17

IV. Comparaison du système Giffard et du système Dupuy de Lôme...................................... 23

    Conclusion..................................... 29

    Appendice..................................... 31

Note A. Description du premier aérostat dirigeable à vapeur de M. Giffard (Note de l'inventeur)............. 31

Note B. Décret du Gouvernement de la Défense nationale concernant la construction d'un ballon dirigeable..... 37

Note C. Description de l'aérostat dirigeable de M. Dupuy de Lôme (Note de l'inventeur)..................... 37

Note D. Opinion de quelques savants sur l'aérostat de M. Dupuy de Lôme...................................... 55

    Opinion de M. l'abbé Moigno..................... 55

Opinion de M. Victor Meunier...................... 58

Opinion de M. Louis Figuier...................... 59

LISTE DES GRAVURES

1° Le ballon dirigeable de M. Giffard................ 5

2° La machine à vapeur du ballon de M. Giffard...... 7

3° Le ballon dirigeable de M. Dupuy de Lôme......... 18

FIN DE LA TABLE

PARIS. — EDOUARD BLOT ET FILS AÎNÉ, IMPRIMEURS, RUE BLEUE, 7.